「今の自分」に似合う服

植村美智子

はじめに

スタイリストとして独り立ちし、ちょうど20年になります。ファッション誌の仕事をメインに、テレビ・広告などで、モデルやタレント、ミュージシャンの方々とお仕事をしてきました。そして「きっと向いていると思うよ！」と、友人のすすめにより、5年前に「リルティン」という、個人の方向けの、ファッションコーディネートサービスの仕事も始めました。5年間で約250人の方々にお申し込みいただき、ありがたいことにリピーターの方も多く、たくさんのうれしいお声をいただいています。

この個人向けのコーディネートサービス、いわゆる「パーソナルスタイリング」というのは、日頃から抱えている「ファッションに関する悩み」を相談できるサービスで、その方に似合う、その方だけのスタイルを一緒に探し当て、悩みを解決していくものです。個性を生かし、魅力をアップさせるスタイルを作るという意味では、タレントさんやミュージシャンの方々のスタイリングをする仕事と似ています。

「リルティン」には、「ショッピング・ツアー」と「ワードローブチェック」、ふたつのメインメニューがあります。どちらも最初に60分のカウンセリングを行い、雑誌や資料を見ながら、その方のおしゃれについて、いろいろお聞きしていきます。直接会ってお話をすることで、その方の持っている雰囲気を理解し、長所を生かすスタイルをイメージしていきます。

「ショッピング・ツアー」では、お客さまと一緒にお買い物にまわります。先にお店をリサーチし、あらかじめお似合いになりそうなものをリストアップ。その後お客さまと合流し、どんどん試着していきます。まわるお店はご予算やご要望に合わせて決めていきますが、だいたい10軒、多いときは20軒まわることもあるでしょうか。

「ワードローブチェック」では、お手持ちのアイテムを拝見し、手放すべきアイテムを選別。今のその方に必要なアイテムだけのクローゼットをお作りします。そのなかからコーディネートを組んでいくと、足りないアイテム、あれば活躍しそうなアイテムなどが分かりやすく明確になっていきます。


この仕事をしていくうちに、強く実感したのは、おしゃれをする上で、答えはひとつではないということ。雑誌やテレビでは、その年の流行を紹介し、「おしゃれの正解はこれ！」と提案しているように見えますが、人の個性はそれぞれ。「誰にでも必ず似合うスタイル」というものは存在しないのです。そのときの世の中やファッションの流れで、「おしゃれに見えやすいスタイル」はあるかもしれませんが、それを着てみたところで、「おしゃれな人」にはなれません。横並びでみんなと一緒で安心するのもいいですが、それ以上に、「自分に似合っているか」のほうが、ずっと大切なことだと私は思っています。仕事で実際に、数人のお客さまに同じアイテムをおすすめすることがありますが、コーディネートが同じになることはありません。必ずその人らしい着こなしを提案するようにしています。

この5年で、いろんなタイプの方と接してきました。10代の学生さんや20代のＯＬさん、30代のフリーランスの方や40代の公務員の方、50代の主婦の方など。年代も職業もいろいろで、男性のお客さまもいらっしゃいます。なかでも特に多いのが、30代後半から40代の女性のお客さま。相談内容はさまざまですが、共通してお持ちなのが「今の自分のスタイルは正解なの？」という疑問です。若いころのおしゃれにとらわれ、その年代にふさわしい、「今の自分に合うおしゃれ」になかなかスイッチできず、「変えたい」「でもどうしていいか分からない」と、もやもやとした不安を持っているのです。

本書では、そのもやもやの正体を突き止めるための、さまざまなヒントをちりばめてみました。読んでいて、ハッとしたもの、ピンときたものがあれば、それがファッションを変えるためのヒントになるかもしれません。おしゃれは本来、楽しいもの。その楽しさは、もしかしたら、とらわれていた自分の殻を、取り払うことから生まれるかもしれません。この本が、手に取ってくださった方々の「今の自分に似合う服」が見つかる手がかりのひとつになれれば、こんなにうれしいことはありません。

chapter 1

着こなしがしっくりこない理由

chapter 3

ワードローブチェックの方法

chapter 2

「ワードローブチェック」実例集

chapter 1

着こなしが しっくりこない理由

「今の自分に似合う服が分からない」
「今の自分のスタイルはこれで正解?」
もやもやとたまってくる、
ファッションについての疑問。
その原因は、いったいどこからくるのか、
少し立ち止まって考えてみましょう。

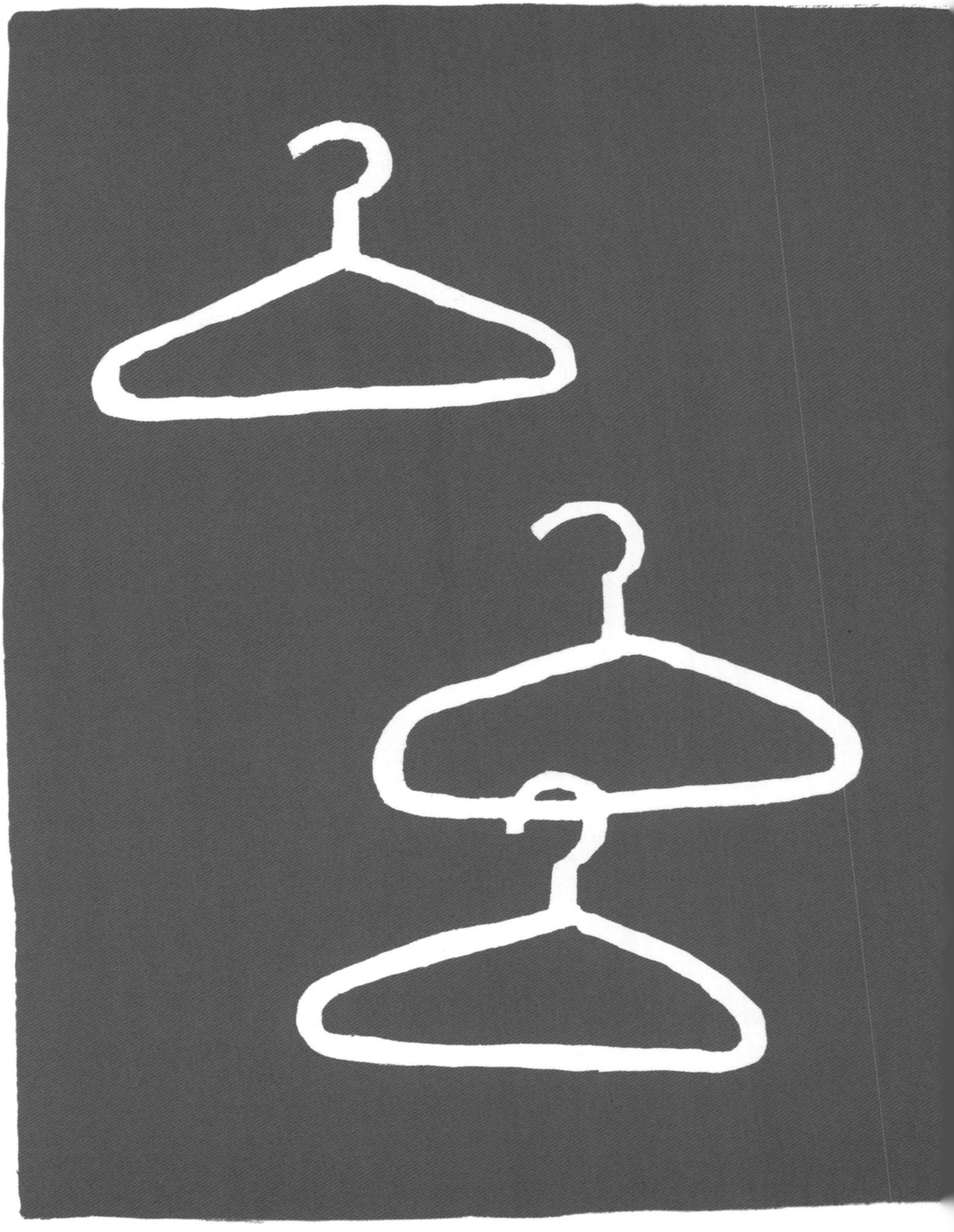

「悩みの正体」をはっきりさせて

本来、ファッションは「楽しむ」べきもの。好きなアイテムを選び、好きな格好をして、気分よく毎日を過ごすためのものです。ところがある日、「これでいいのかな……?」と疑問が生まれ、自信をなくしてしまうと一気にテンションは下がり、とたんに「面倒くさいもの」になってしまいます。どうやら女性は30代後半から40代前半にかけて、そんな壁にぶつかる人が多いようです。一度生まれるとなかなか消えない、その「もやもや」の正体は何でしょう? 自分がなぜ疑問を持ってしまったのか、何に悩んでいるのかも分からずに、もやもや感は増すばかり。

原因はズバリ「今の自分が見えてないから」。自分をちゃんと理解できてないから、その違和感が生まれるのです。自分自身のイメージが、何を身につけても若さの勢いで着こなせていた「○年前の自分」で止まってい

ひと口に「白シャツ」と言っても、形や素材感などでガラリと印象は変わります。メンズっぽいバンドカラーシャツ、ギャザーたっぷりなドロップショルダーのシャツ、トロンとした素材のプルオーバーシャツ、フリル襟のフェミニンなブラウス。「今の自分にいちばん似合う白シャツは、どんな形？」。そんな問いを一度じっくり考えてみては。

ませんか？　時間は絶えず流れていて、ずっと同じ自分ではいられません。今の体形や、雰囲気、さらにはアイテムを着こなす力やテクニック……ファッションにおける自分の実力も、理解しなくてはいけません。そう、「洋服を着こなす力」は筋肉と同じで、使わなければ衰えるもの。おしゃれにはその「着こなし力」が必要で、意識して使わなければ、どんどん退化していくものなのです。

少し、きつい言葉を使ってしまったかもしれませんね。けれど、「もやもや」を取りのぞきたいと考えるなら、意識的に「今の自分」を探り、自分がどうなりたいのか、ビジョンを明確にしなくてはいけません。「今の自分」という出発点と、「この先なりたい自分」という目的地をはっきりさせるのです。おしゃれになるためには、そのふたつを明確にすることが、何より必要不可欠なのです。

「今の自分」に似合う服

引き続き、耳の痛い話かもしれません。当たり前のことですが、年齢を重ねると外見にも変化が現れます。顔つきはもちろん、肌質、体形も変わってきますよね。それにともない装いも自分の変化に合わせないと、時代が違うなつかしい雰囲気……もっと率直に言うと、「古くさい印象」になってしまいます。

お客さまのなかには、「ファッションに気をつかっていないわけではないのに、何だか野暮ったくなってしまう……」とお悩みの方がいらっしゃいます。そういう方に多いのが、「若いころ、自分がいちばんよかった」と思うところで、着こなしのイメージが止まってしまっているケースです。

たとえば20代のころに着ていた、ふんわりしたシルエットのワンピースを、40歳になった今も着続けている……そんなことはありませんか？　まわりからも評判がよかったそのワンピース、いい思い出もたくさんあることでしょう。ですが、「今の自分」にも、本当に似合っているのでしょうか？

愛着を持って服を大事にすることは素敵なことですが、ときには思い切ってサヨナラしなければいけないこともあります。時の流れは人間の変化だけでなく、着丈、マークされているウエストの位置、質感など、アイテムそのものの時代性を浮き立たせてしまいます。何年も前に気に入ってよく着ていた服ほど、その時代を象徴し、そのころの自分にしか似合わないものである可能性は高いのです。

これまでたくさんのお客さまにお会いしてきましたが、必ずみなさん、「今の自分」にお似合いになるスタイルがありました。「今がいちばんいい」と思えるために、あらためてもう一度、自分のファッションを見直してみませんか？

ツヤ感のあるニットとゴールドのネックレス。こういう組み合わせは、余裕の感じられる大人こそ似合うはず。今の自分に似合う服を探すのは、おしゃれの醍醐味のひとつ。

ボリュームのあるワイドパンツ、裾が細いテーパードパンツ。苦手意識がある人も多いですが、鏡から離れ、いろんな角度から眺めれば、「実は似合っていた」なんてことも。

自分を「客観的に」見るために

おしゃれは「自分が好きな服を着て、楽しむもの」。ですが「好きだから」というだけで、ワードローブを揃えていくのは少し危険です。残念なことに、「好きなもの＝似合うもの」でないことも多く、年齢を重ねるとその可能性も高くなっていくのです。

「似合う」「似合わない」をきちんと判断するためには、自分を客観的に見る必要がありますが、テンションが上がっている買い物中に、試着室で冷静な判断をするのはなかなか難しいこと。気に入った服を着て鏡を見ると、ついそのアイテムばかりを目で追ってしまい、「自分がその服を着こなせているかどうか」を見過ごしがち。店員さんがいくら「お似合いですよ」と言ったとしても、その方と自分の好みが一致するとは限らないのですから、冷静に対応しなければいけません。

自分に客観的な目線を向けるには、街中で、「いろんな人のなかにいる自分」を見てみる必要があります。あやしい人にならない程度に、外を歩きながら、そーーっと自分を観察してみましょう。ビルのガラス窓などに映った姿は、他の人から見られている本当の自分。試着室の正面から見る鏡とは違ったそこに、いろんなヒントが隠されています。パッと見た自分に違和感があったなら、それは何かが少しずれているということ。気に入っているそのアイテムを、実はイメージ通りに着こなせていないのかもしれません。

ちなみに私はいつも、駅に行く途中にある床屋の細い窓ガラスがチェックポイント。通り過ぎざまにチラッと見ると、全体のバランスがよく分かります。家の鏡でチェックし「OK」と出てきたはずなのに、そこで見ると何かおかしい……。以来、二度と合わせることがなくなったパンツと靴があります。

ファッションをあらためて「考える」

ショッピングツアーやワードローブチェックにお申し込みいただいたお客さまとは、最初に60分間カウンセリングを行い、じっくりお話をさせていただきます。ファッションに対する思いの丈、長年にわたる悩みを一気に吐き出す方がいる一方で、雑誌などの資料を見ながらお話しているうちに、少しずつ自分の考えに気づいていく方も少なくありません。

大人になると、じっくりファッションについて考えたり、洋服について話す機会が減ってくるようです。もやもやして「装いを変えたい」と思っている人ほど、実は服について「考える」ことをしてこなかった……という人も多いのです。仕事などでもそうですが、自分のなかにある思いを言葉にすることで、考えがまとまったり、新たに気づくことも多かったりしますよね。ファッションでも、それはとても大切なことです。

カウンセリングでは、ファッション雑誌などを見ながらお話ししますが、写真を見て、好みを伺ううちに、お客さまの考えもまとまり、目指す方向がはっきりしていきます。そして予算なども見えてくるので、あらためて「自分にとってのファッション」というものが、明確になっていきます。

手始めに、いつも以上にじっくりファッション誌を見てみてください。そして気に入ったコーディネートやアイテムに印をつけていきましょう。印がついたものたちの共通点は何でしょう？　色？　シルエット？　それとも雰囲気？　気づいたことを書き出すうちに、いろいろ見えてくることがあるはずです。

自分の好みのスタイル、目指すスタイルが明確になれば、お買い物で失敗することも減っていくでしょう。たまにはじっくり、ファッションについて考えてみませんか。

お客さまとのカウンセリングやショッピングなどの記録をメモしたノート。好きなブランドや雑誌、普段買い物に行くお店などを記すことで、その方の目指す方向が見えてきます。

「着る服がない」はなぜ起こる？

「洋服はたくさんあるのに、なぜか着るものがない」。お客さまからよく聞く悩みの上位に入ります。おしゃれは好きで、お買い物にも頻繁に行く。クローゼットの中にも山のように服があるのに、コーディネートが作れないのです。そんな悩みを持つ人は、「洋服を一点一点、単体でしか見ることができない」という方がほとんどです。「かわいいから」「気に入ったから」と、それだけの理由で購入するのは待ってください。それに合わせられるアイテムを持っていますか？　その服を生かすコーディネートを考えられますか？

　たとえばお店でパッと目に留まったブラウスがあったとします。試着をしたら、さらに欲しくなりました。そこで一度、考えてみましょう。そのブラウスに合わせられるパンツやスカートは持っていますか？　もし思いつかなかったら、そのブラウスを購入しても、着ないままクローゼットに眠ることになるでしょう。

　どうしてもそのブラウスが欲しいのなら、必ず合わせるボトムスを一緒に買うようにします。ブラウスを手に持ち、まずはそのお店をじっくり見てください。同じお店に気に入るボトムスがないからとあきらめず、他のお店でも探してみましょう。どんなものを合わせたらいいのか分からなければ、店員さんに相談し、ヒントをもらうのもいいですね。

　そしてどんなに見た目が気に入ったアイテムでも、試着して似合わない気がしたり、シルエットなどに違和感を覚えたりしたら絶対に購入をやめましょう。家に帰って着てみても、その違和感は消えません。気に入った服を買って気分を上げるのもいいですが、それよりも「服を活躍させること」のほうが、はるかに大切なことですよ。

たとえばトップスを買うとき。ボトムスやインナー、靴は何を合わせるか、裾は入れるか出すかなどを、できるだけ具体的に考えられれば、お買い物の失敗はぐんと減るはず。

「サポートアイテム」を持っていますか

　ざっくりニットやデザインもののブラウス、鮮やかカラーのカーディガンなど、コーディネートの主役となるトップスは、自分らしさを表現でき、セレクトにも力を注ぎたいアイテムです。けれどほんの少し、立ち止まって考えてみてください。主役アイテムばかりでは、コーディネートは作れません。その主役をしっかりサポートしてくれる、脇役アイテムも必要なのです。具体的に言うと、主役トップスのインナーに使える、シンプルなカットソーやタンクトップ、キャミソール、シャツといった存在です。

　ワードローブチェックでお客さまのクローゼットを拝見すると、柄ものやデザインに特徴があるものばかりで、無地のカットソーやシャツなどがほとんどなく、コーディネートをお作りできないことがあります。あるお客さまは、持っているアイテムの半分以上がカ

ーディガンや襟元のあいたニット。ご自分でも並べてみて初めて気づいたとのことでしたが、ニットやカーディガンの数に対し、中に合わせるアイテムが圧倒的に少なく、ワードローブを生かしきれていませんでした。
買い物に行くと、ついハンガーに掛かっている主役級のアイテムに目がいってしまいがちで、たたんであるカットソー類を、広げてみたことがないという方もいらっしゃいます。主役が欲しくなる気持ちも分かりますが、主役だけではそれを最大級に生かすコーディネートは作れないのです。時間があれば一度そんなサポートアイテムだけを探しに出かけるのもいいかもしれません。まずは自分のテイストに合うものが見つかりやすい、よく行くお店で見てみましょう。たたんである服もじっくり見てみることで、きっと新しい発見がありますよ。

テロンとした素材か、ハリのあるしっかり素材か。首まわりのあきはどのくらいか。色のトーンはどんな感じか……サポートアイテムもこだわり始めると、なかなか奥深いのです。

服ではない、「ヘアメイク」だった

今の流れに沿った服を着ているはずなのに、「どうしても野暮ったく見える」「何となく垢抜けない」。そう悩みを訴えるお客さまも少なくありません。そうおっしゃる方々は、洋服にももちろん改善点はありますが、それ以上にヘアスタイルやメイクの問題であることが多いのです。その場合、まずは髪型やメイク方法を正してからお買い物に行くのがベスト。実際に今まで何人も、服の買い物の前におすすめのヘアサロンをご紹介したことがあります。「いつもの美容院」だと、結局いつもと同じになってしまいがち、思い切って、別の新しいお店に行くのもひとつの手です。

いつもノーメイク、もしくはファンデーションだけ、とおっしゃる方には、そのままで似合うスタイルをご提案します。ただ、間違った方向でメイクをしている人は、どんな素敵な服を着ても、「何だか違う」という印象にしかなりません。たとえばピンクや赤の強い色のリップをつけ続けている人。若い人には似合っても、年齢を重ねた女性が不用意に濃い色をつけると、不必要な迫力が出てしまいます。そして若い人とは違い、「昔を引きずっている人」にしか見えないのです。年齢を経てからのロングヘアも要注意。髪質も低下していますし、迫力ばかりが出てしまって、知らず知らずのうちにまわりから恐れられている……ということも多いようです。

「ショートカットにしたら、ワイドパンツやマキシスカートがバランスよく着られるようになった」「前髪を重めにしたら、かっちりしたジャケットが似合うようになった」など、ヘアスタイルを変えることで新しい扉が開くことがよくあります。洋服と同じくヘアメイクのアップデートも、怠らないようにしたいものですね。

髪をまとめてすっきりさせると、ボリュームのあるタートルネックもすんなり似合う。年齢を重ねてからは、髪はどちらかというとコンパクトなほうが、着る服の幅も広がります。

鮮やかな朱赤は、難しく感じる人も多いようですが、実は日本女性のほとんどに似合う最強色。特徴的な柄アイテムも、コーディネートのポイントとなり、着こなしやすいのです。

「こだわり≒思い込み」を手放す

　おしゃれをする上で、みなさん自分なりの「こだわり」を持っているかと思います。しっかり軸を通し、自分らしさを表現するには、そのこだわりは必要なことでしょう。けれど「こだわり」と「思い込み」は紙一重。なかなか難しいことですが、その違いをきちんと見極めなければいけません。

　年齢を重ねると、好みの服は絞り込まれ、「苦手なもの」「避けているもの」が増えてきます。顔つきや体形が変わり、「似合わなくなってきたもの」を苦手カテゴリーにどんどん入れていくからでしょうか。だとしたらその分、「OKアイテム」を増やしていかなければいけません。若いころより似合うものが減ったとしても、年を重ねたからこそ着こなせるアイテムも、必ずあるはずです。

　狙い目は「理由なく敬遠していたアイテム」です。好きなテイストではあるけれど、「私にはきっと似合わない」と、袖を通すことなく、何となく見過ごしてきてしまったアイテムが、みなさん必ずあるはず。まさにそこにこそ、新しい可能性が潜んでいるのです。

　何を隠そう私自身も、「思い込み」かもしれない「こだわり」をたくさん持っているタイプ。最近の開眼は、タイトスカート。私が着るとコンサバになりすぎるので、長い間苦手意識を持っていたのですが、トップスを試着するとき「一緒にどうぞ」と店員さんが渡してくれたミモレ丈のペンシルシルエットタイトスカートをはいてみると、「あれ？　もしかしてこの丈ならいけるかも？」と、びっくり。新たに似合うものを見つけ、制限を解かれるときの気持ちよさは格別です。その気持ちよさを味わうためにみなさんも、「こだわり」という名の「思い込み」を、手放してみませんか？

「シンプル・イズ・ベスト」？

「組み合わせやすいので、つい無地でシンプルな服ばかりを買ってしまいます」。そう話す人は多いですが、はたしてそれは正解でしょうか？　確かに無地同士なら、柄合わせを気にすることなく、コーディネートが組めます。けれど、シンプルな無地同士の服で作ったコーディネートを素敵に着こなすには、実にいろんな条件が必要です。その人の体形に合っていること、首まわりや袖口などのちょっとしたディテールのバランス、何よりそれを着こなせる雰囲気、上手に「着くずす」テクニック。そう、つい勘違いしがちなのですが、実は「シンプルな着こなしほど難易度が高く、上級者向き」なのです。

雑誌の誌面や街中でも、シンプルアイテムの代表、白シャツとネイビーのパンツを合わせ、特に小物も使わず素敵に着こなしている人がいます。その人はなぜ素敵なのでしょう？　それはその人の持っている「雰囲気」「空気感」のなせる業。そして「合わせやすい」という安易な理由で選んだのではなく、自分に合う形、サイズ感、素材感を厳選して着ているからなのです。

少し厳しく感じられた人は、シンプルへのこだわりを少しゆるくしてみましょう。第一歩として試してほしいのは、トップスかボトムスを、凹凸のある素材やデザインものにし、「立体感」を出すこと。トップスをざっくりしたローゲージニットにしたり、ボトムスをツイード素材のスカートやダメージの入ったデニムにしてみたり。ドレープカーディガンなどを羽織り、重ね着でメリハリを出すのもいいですよね。

シンプルスタイルを無難にしないためには、「のっぺりさせない」＆「立体感を出す」。そのことをぜひ頭に入れておいてください。

太めのモヘア糸を使った編み目が大きなローゲージニットは、コーディネートに立体感を出すのに便利なアイテム。凹凸によって自然な陰影ができ、単色でも表情が生まれます。

デニムやカーゴパンツにはパンプスなど女靴、スカートにはスニーカーなど男靴を。カジュアルなコーディネートに迷ったときは、足元を基準にして考えるとまとまりやすい。

大人の「カジュアルスタイル」

大人になるほど、「カジュアル」とのつきあい方も考えなくてはいけません。年齢を重ねると、顔つき、体形が変わり、若いころと同じカジュアルスタイルでは、ただ手を抜いただけの服装にしか見えなくなりがちです。

さてみなさんが思うカジュアルとは、どんなスタイルでしょうか？　ぱっと思い浮かんだのが、Tシャツ、ジーンズ、スニーカーというコーディネートなら、その考えは、今すぐに捨ててしまいましょう。「カジュアルが似合わなくなってきた」と感じている人に、そのスタイルは必要ありません。

辞書でカジュアルという言葉を調べると、『格式ばらず、くつろいでいるさま。気軽な服装のさま』と出てきます。そうカジュアルとは、気軽な服装のこと、でも大人の女性が、カジュアルをおしゃれに着こなすためには、どこかに「女性らしさ」「エレガントさ」をプラスして、ピリッと引き締めることが重要になってきます。

たとえばTシャツ＋ジーンズには、スニーカーではなくパンプス。少しヒールがあるものがベターです。ローヒールならツヤ感のあるパテント素材や、トゥが細めのタイプがいいでしょう。「カジュアルスタイルにヒールなんて！」という方、スニーカーをはきたいのなら、パンツではなくスカートを。タイトスカートやマキシ丈のものであれば、バランスが取りやすく、おしゃれな雰囲気も出しやすくなります。

間違ってはいけないのは、プラスするのは「エレガントさ」であり、「かわいらしさ」ではないということ。カジュアルな服装に違和感がある人は、同時にレースやフリルのこともいったん忘れてしまいましょう。大人のカジュアルに「甘さ」は必要ないのです。

「ナチュラルスタイル」の落とし穴

今のファッションの流れのなかで、カジュアルスタイルの主流になっている「ナチュラルスタイル」。駅ビルやショッピングモールなどにもお手軽な価格帯のお店が登場したり、通販などでも目にすることが多くなりました。やさしい色の天然素材で作る、ゆったりしたシルエットのスタイルは、落ち着いた大人の雰囲気を漂わせてくれます。ですが「素敵な」ナチュラルスタイルを作るとなると、そこにはとてつもない高い壁があるのです。

まず気をつけなければいけないのは、素材感。コットンやリネンのナチュラルカラーの服は、年齢を重ねた日本人女性の、くすみを帯びた黄色い肌になじみすぎ、ぼやけた地味な印象を与えてしまうことが多いのです。第一条件として、良質な素材を選び、質感で印象を上げていかなければいけません。

そして、大人の女性はふんわりやさしいだけでなく、どこかにシャープさを加えることによって、垢抜けた印象になります。シャープさを加えるポイントは、①シルエットでメリハリを出す②強い色(濃い色)を足す③小物で重量感を出す、の3点。

たとえばトップスかボトムスのどちらかを、いつもより少し小さめのシルエットにしてみましょう。ベストやカーディガンで、ボリュームを抑えるのもいいでしょう。ボトムスもハリのあるリネンではなく、シルク混素材で落ち感を出してみたり、テーパードシルエットのパンツにしてみるのもいいかもしれません。黒や紺などの強い色を差したり、革小物やゴールドのアクセサリーで、アクセントをつけるのも効果的です。

ナチュラルなだけでは、「おしゃれ」につなげるのはなかなか難しいこと。どこかに「強さ」を足すことを意識してみてください。

白やベージュ、グレーなどの天然素材アイテムを重ねた、レイヤードスタイル。ここに引き締め色の濃紺を１枚挟むと、とたんにメリハリがつき、ぐんと大人っぽい印象に。

大人の「かわいい」は難しい

フリルやレース、花柄やリボンモチーフなど、乙女心をくすぐるかわいいものが、女性は大好き。裾からレースがのぞくニットや、襟や胸元にフリルがついたブラウスなど、お店にもいろいろ並んでいますよね。お客さまにも、ガーリーでかわいいものが好きな方はたくさんいらっしゃいます。

ただそういうアイテムも、年齢を経ると取り入れるのが難しくなるのが現実です。「かわいい大人のファッション」は「格好いい大人のファッション」より難易度が高いのです。かわいい服を間違えずに取り入れるには、柄や素材、襟元のあき具合、切り替えの位置、袖の付き方など、選ぶときに注意しなくてはいけないことがいっぱいです。「それらをクリアできる自信がない」という方は、これから書くことを頭に入れてみてください。

まずお手頃価格のフリルやレースのアイテムは、大人が着てはいけません。プチプライスのアイテムは、レースの質感やフリルの分量など、若さがなければ着こなせないものばかりです。大人の女性が着ていいのは、「上質なかわいいもの」だけ。そしてコーディネートのなかに、かわいい要素を含むアイテムは1点まで。複数使いは厳禁です。さらにかわいいアイテムには、シンプルで辛口なアイテムを合わせるのが鉄則です。

残念ながらそれをクリアできない方は、せめて「かわいいものは、バッグの中で楽しむ」という風にしてはいかがでしょう? ポーチやハンカチなどで、かわいいもの好きの気持ちを満足させるのです。大人っぽいファッションの女性のバッグから、花柄のかわいいポーチが出てくる……そんなギャップは素敵に感じられますし、さりげなさにぐっときてしまいそうです。

繊細なレースやピンタック、甘いイメージのかごバッグ。それぞれ上質なものであれば、カジュアルなアイテムとコーディネートしても、バランスよくまとまるはず。

ボーダーが好きなら、無理に卒業する必要もありません。たとえば落ち着いた色味の組み合わせや、少しデザイン性のある形を選ぶようにすると、定番のボーダーとはまた違った楽しみが。

「いつも同じような服ばかり選んでしまうので、自分では買わないものを選んでほしい」。ショッピングツアーを申し込まれるお客さまから、よく言われる言葉です。確かに自分で選ぶと、目につくのは似たような服ばかり。違うものを選ぼうと思っても、結局、好きなシルエット、好きな色、好きな柄ばかりを手に取ってしまいます。

「自分が選ぶ服に飽きてしまい、ファッションが楽しくない」。そう感じるなら、新しいものにチャレンジするのは大賛成です。ですが、今のスタイルに満足しているのに、「同じ服ばかりを着てはいけない」という先入観でそう思っているのであれば、もう一度ゆっくり考えてみましょう。

　年齢を重ねると、若いころにくらべ、似合うものの幅は確実に狭くなってきます。だからこそ大人の女性は、自分に似合うタイプの

自分の「好みのスタイル」を貫く

服をきちんと理解しておく必要があります。その結果、「いつも同じ」になるのは、決していけないことではありません。「いつも同じ」が「自分らしさ」になっていて、きちんと着こなせていれば問題ないのです。

　黒やグレー、白などの無彩色ばかりを着ているので、「色を取り入れなければ」と考える人も多くいらっしゃいます。それらが顔映りが悪く、さみしげな印象になっているなら、明るい色を取り入れる必要もありますが、自分らしく着こなせているのであれば問題ないのです。新しい要素を加えたいなら、シルクなどツヤのある素材や、少し大ぶりなアクセサリーを加えてもいいですね。無理していろんなテイストを取り入れる必要はありません。自分の「好き」を貫くのも大切なこと。軸をしっかり通し、その上で自分らしくファッションを楽しんでいきたいですね。

「定番」とはほどよくつきあう

毎年、定期的に「定番特集」を掲載する雑誌の影響でしょうか。お客さまのなかには「ワードローブを流行りすたりのない、有名ブランドの定番アイテムで揃えたい」という方も、少なくありません。たしかに、流行に左右されない、質のいいベーシックなアイテムを、大切に長く着るのは、大人の理想のスタイルです。ただし「定番アイテム」に、しばられてしまうと、本当に似合うものと出合いそこねる危険性が出てしまいます。大前提として覚えておいてほしいのですが、定番だからといって、「誰にでも似合う服」では決してないのです。

定番アイテムといえば、10万円以上する有名ブランドの乗馬ブーツが浮かびます。街ではいている人をよく見かけますが、その人の脚の形や雰囲気に合って、自分のものとしてはきこなしている人には、なかなか出会えません。残念ながらブーツだけが浮いてしまっている人がほとんどです。上質素材で有名な、老舗ブランドのハイゲージニット。体にフィットしたニットは、実はその人の体形をあらわにして、おばさんっぽさを強調してしまうことだってあるのです。

若いころは何ごとも経験ですが、ある程度年齢を経た女性なら、「みんなが着ている、有名ブランドの定番だから」という理由だけで、安易に手にするのはそろそろやめましょう。ブランド名にはこだわりすぎず、定番と呼ばれる名品のなかからも、本当に自分に似合うものだけをきちんとセレクトしていくようにしましょう。

ブランドは、ある種の安心感をもたらしてくれるものですが、どんなにいいアイテムも、その人に似合っていなければ、まったく意味はないのですから。

「○○で有名なブランド」も、
実はそのアイテム以外に、隠れ
た名品があることも。キルティ
ングコートなどで人気の「トラ
ディショナル　ウェザーウェ
ア」、ウールコートも素敵です。

いつものリネンやウールのストールの代わりに、シルク素材のスカーフを取り入れてみてはいかがでしょう。カジュアルやナチュラルスタイルが、ぐっと新鮮に感じられるはず。

どうやって「流行」とつきあうか

「流行アイテム」というだけで、嫌悪感を示す方がいます。気に入ったものであっても、店員さんの「今年の流行アイテムですよ」という言葉で、一気にテンションが下がってしまう……。そういう方は、「流行ものはすぐに着られなくなる」ということよりも、「流行に踊らされ、人と同じものを着るのは嫌」という気持ちが強いようです。

確かに流行アイテムが世の中に定着してくると、街中でそれを着ている人がたくさん目に飛び込んでくるようになります。それに「流されているように感じる」気持ちも、分からなくはありません。でも少し考えてみましょう。新製品を扱うお店には、「流行っていないもの」「今の時代に沿っていないもの」というのは、そもそも置かれていないのです。「流行ものだから取り入れるのではなく、似合うから取り入れる」と、気持ちを切り替えてみてはいかがでしょう？　シーズンごとに必ず、流行のスタイル、アイテム、カラーがいくつか出てきます。そのなかから、「自分らしく着こなせるもの」を上手に取り入れればいいのです。せっかく素敵に似合っているものを、「流行ものだから」という理由だけで手放すのは、もったいないですよね。

流行もののよさとは何でしょう？　それは「いつもの服」にひとつ取り入れるだけで、「今」の空気感を取り入れられることです。自分のスタイルが完成している人なら、特に意識する必要はありませんが、もし少しでも不安を持っているなら、世の流れに乗ってみると、定番とは違った意味での「安心感」が得られます。「流される」のではなく、時代に「沿う」。それは自己満足になりがちな自分のファッションに、少しだけ「活」を入れるきっかけにもなるはずです。

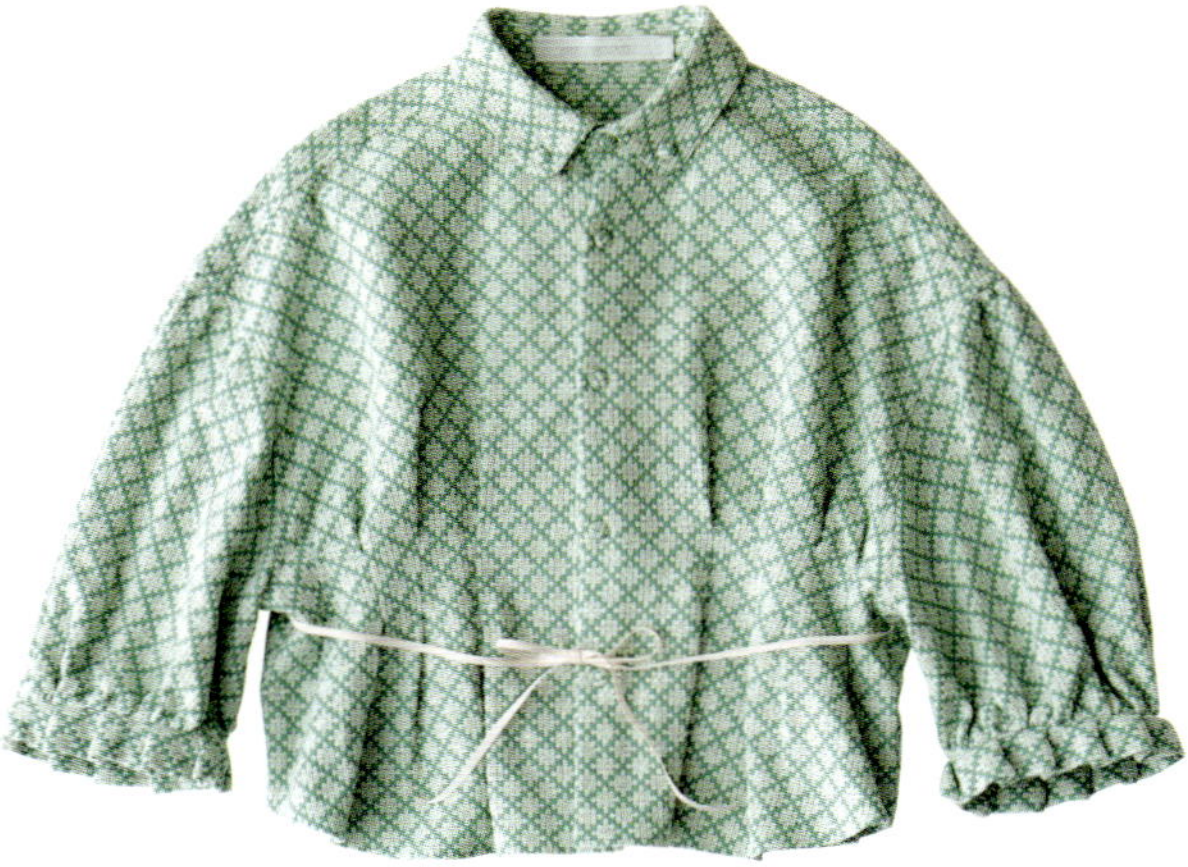

「長く着る」にこだわりすぎない

「長く着られるもの」とは、いったいどういうものでしょう？ 上質素材、シンプルなデザイン、ベーシックカラー……そういったもののことでしょうか。確かに素材がよければ、生地がすぐにくたびれることがないので、「ワンシーズンで終了」ということにはなりません。デザインがシンプルなら、流行りすたりも、あまりないでしょう。定番カラーなら、好きな色や流行の色が変わっても、着続けることができます。

長く着られるものがワードローブにあるのは、とても心強いこと。翌年も引き続き着られるので、季節の変わり目に「着る服がない！」とバタバタすることもありませんし、上質でベーシックなアイテムがあれば、仕事の大事なプレゼンやミーティング、きちんと感が求められるお子さま関連の行事などにも、自信を持って参加できます。

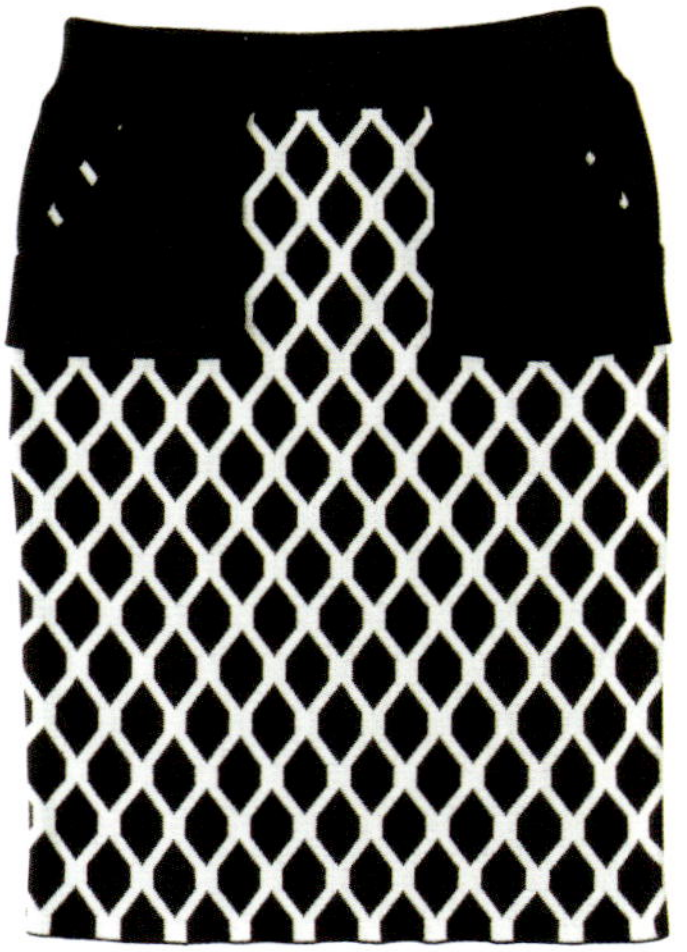

デザインブラウス、スカーフ素材との切り替えニット、編目模様のスカート。一見インパクトの強いアイテムですが、こういう服はコーディネートも決まりやすく、実は便利。

本当にそのアイテムが好きなら、そして自分らしく着こなしているなら、問題はありません。けれど、そのチョイスの裏側に、「節約」や「面倒くささ」から長く着られるものを選んでいるようであれば、ちょっと待っていただきたいのです。

私はファッションを楽しむ上では、「長く着られないもの」があっていいと思っています。ワンシーズン存分に活用できる、いつもとは少し違うアイテムを、シーズンごとに投入してみるのです。たとえばデザイントップスや旬なシルエットのパンツなど。このアイテムのミッションは、「ファッションの『今』を、とことん楽しむ」こと。この服は予算抑えめで問題ありません。たった一枚の服であっても、旬を取り入れる心意気がクローゼットにあるかないかでは、日頃の装いに、ものすごく大きな影響を及ぼすものなのです。

「着まわしできない服」があってもいい

雑誌の特集でも「着まわしコーディネート」は基本中の基本。限られた洋服で、毎日を乗り切るためには、必要不可欠なテクニックです。「リルティン」のメニューでも、ショッピングツアーで購入したアイテムで、とことん着まわしコーディネートを作る「スタイリングシート」というオプションサービスがとても人気です。お作りしたシートをクローゼットの扉の内側に貼り、その日の予定に合わせて選ぶと、「朝の時間が短縮される」と喜ばれます。

お客さまとのお買い物では、もちろん着まわしも考え、購入するアイテムを決めていきますが、着まわしができず、たったひとつのコーディネートしかできないアイテムでも、強くおすすめすることがあります。なぜなら、「着まわしできないアイテムにこそ、その人らしさが出ている」ことが多いからです。

たとえば柄ものと無地をくらべたら、着まわすという点では、無地のほうが優秀です。けれど、似合う似合わないがはっきり出る柄ものは、はまると無地以上に、その人の個性を際立たせることができます。せっかく似合っているのに、着まわしできないことを理由に、ワードローブに加えないのはもったいないこと。着まわすことばかりを考えていると、個性はどんどんなくなっていき、ファッションは楽しくなくなっていきます。

ときには「このアイテムは、このコーディネートだけ」と、決め込んでしまってもいいでしょう。その装いこそ実は、テンションを上げてくれたり、「ここぞ」というときの決め手の服になってくれたりするものなのです。着まわすことばかりにとらわれない、そんなファッションの楽しみ方も、ぜひ取り入れてみてください。

同じブランドで無地と柄ものの服を見かけたとき、無意識に無地だけを手に取っていませんか？　どちらがより「自分らしさ」を表現できるか、フラットに考えていきましょう。

「安い買い物」は本当にお得？

「洋服を、安く買ったことが自慢」という方がいます。ファストファッションが定着した今、「こんなに安くていいの？」という、魅惑的な価格の服を見つけることは、難しいことではなくなりました。大手スーパーの洋服も、昔では考えられないほどおしゃれで優秀なものが増えてきています。安いと予算的に選択肢が広がり、あまり悩まずポンポン買ってしまいがち。けれどきちんと活躍するアイテムを選ばなければ、「服はあるのになぜか着るものがなく、また新しいものが欲しくなる……」という無限ループをまわり続けることになってしまいます。いわゆる「安物買いの、銭失い」ですね。

試しに、ここ一年で購入した活躍できていないアイテムの、合計金額を出してみてください。その金額で「欲しかったけど、価格的にあきらめていたアイテムが買えた」なんてことは、ありませんか？

安いもので大人に似合うおしゃれなものを見つけるのは、実は難しいこと。「いいもの」をたくさん見ていないと、「安いものでも、安っぽく見えない」ポイントがよく分からないですよね。モデルさんには、お手頃価格のアイテムを着こなしに取り入れ、適度に肩の力が抜けたこなれたスタイルを作り上げている人が多くいます。そのさじ加減が絶妙なのは、仕事柄たくさんの服を見ていて、素材感やディテールがきちんとしていて、安く見えないものをちゃんと上手に選んでいるからです。「安いものを買うこと」は、「高いものを買うのより、難しい」のです。

安く買って自慢できるのは、自分に合った「いいもの」を購入したときだけ。安く買ったことではなく、無駄な買い物をしないことを自慢したいですね。

「活躍させられなかった服」の合計金額を出してみることは、買い物の失敗を減らすのにとても有効な方法。ドキッとする人は、服にかけた金額をメモする習慣をつけてみては。

同じブランドのサイズ違い。「腰に合わせたらSサイズ（写真下）でも、シルエットはMサイズ（写真上）のほうがかわいい」なんてことも。求めるスタイルに合わせ、じっくり検討を。

買い物は必ず「試着」をしよう

みなさんは服を買うとき、きちんと試着をしていますか？　失敗のない買い物を目指すなら、試着をしないという選択肢はありえません。たとえサポートアイテム的な服であっても、買い物と試着は、必ずセットで考えるようにしましょう。

試着で大切なのは、正面だけでなく、横からも、後ろからも、鏡に映してみることです。ついつい自分では、前からしかチェックしませんが、人からよく見られるのは、斜めや横、後ろ姿です。自分をぐるっと一周見てみましょう。そして試着室から出て、少し遠くから見てみることも忘れずに。全体のバランスを確認するには、ある程度、鏡から離れて見てみることが必要です。

似合っているかどうか、自分の体形に合っているかどうかを確認すると同時に、それをちゃんと活躍させられるかどうかも考えなければいけません。たとえば試着しようとしているトップスが、はいているボトムスと合わなかった場合。「まあ、いいか」と、そのまま着てしまうと、イメージが今イチつかめず、似合っていても着こなす自信がなくなってしまうかもしれません。そんなときは、そのトップスに合うボトムスも一緒に試着させてもらうようにしましょう。必要があれば、アクセサリーなどもつけさせてもらい、よりイメージを明確にしていきましょう。ヒールの靴を合わせたいボトムスなのに、フラットな靴をはいてきていたら、店員さんにお願いし、ヒールの靴をお借りし、きちんとバランスを確かめてください。

試着室の中でもコーディネートを具体的にイメージできていれば、クローゼットの中の「着ないまま眠っているアイテム」は、確実に減っていくはずです。

仕事柄もあり、街や電車でいろんな人の服装をついつい観察してしまいます。目に入ってくるのは、もちろんおしゃれな人。ただコーディネートが素敵なだけでなく、自分の体型や似合うスタイルをよく理解し、洋服をきれいに上品に着こなしている人に目がいってしまいます。たとえば肌の露出が多いセクシーなスタイルでも、オーバーサイズ同士の服を合わせたルーズなスタイルでも、バランスを取り、きれいに着こなしていれば、品がなくなることはありません。

逆に、悪い意味で目立ってしまうのは、コーディネート云々ではなく、ちょっとしたポイントでのミス。たとえばシワ。たたんでおいてできた直線的なたたみジワや、乾燥機から出し遅れてできた細かいシワなど。せっかくきれいな服を着ていても、だらしない印象しか残りません。パンツのはき方も要注意。

洋服を「品よく、ていねいに」着る

「腰ばき」になりたくないからといって、きゅっと引っ張り上げすぎると、腰まわりにおかしなシワができてしまいます。さらにはお尻の丸さ、大きさを強調してしまうことにもなりかねません。そうならないためには、ウエストのラインを床と平行に。パンツをはいたあと、横のポケットに手を入れ、サイドをきゅっと下に下げましょう。シワもなくなり、パンツ本来のシルエットが出て、すっきり着こなすことができます。また、ジャケットやスカートのスリットのしつけ糸の取り忘れや、取れかけのボタンなども、残念な印象を与えてしまいますよ。

洋服をていねいに扱うことは、おしゃれになるための大切な一歩です。肩が凝らない程度に、細かい部分にも気を配り、大好きなアイテムを品よく、ていねいに着こなしていきたいですね。

服を着ることでできてしまった袖のシワなどは、シワ取り用スプレーをし、ひと晩ハンガーに掛けておくと、翌朝には元通りに。脱いですぐにしておくと、復活しやすいです。

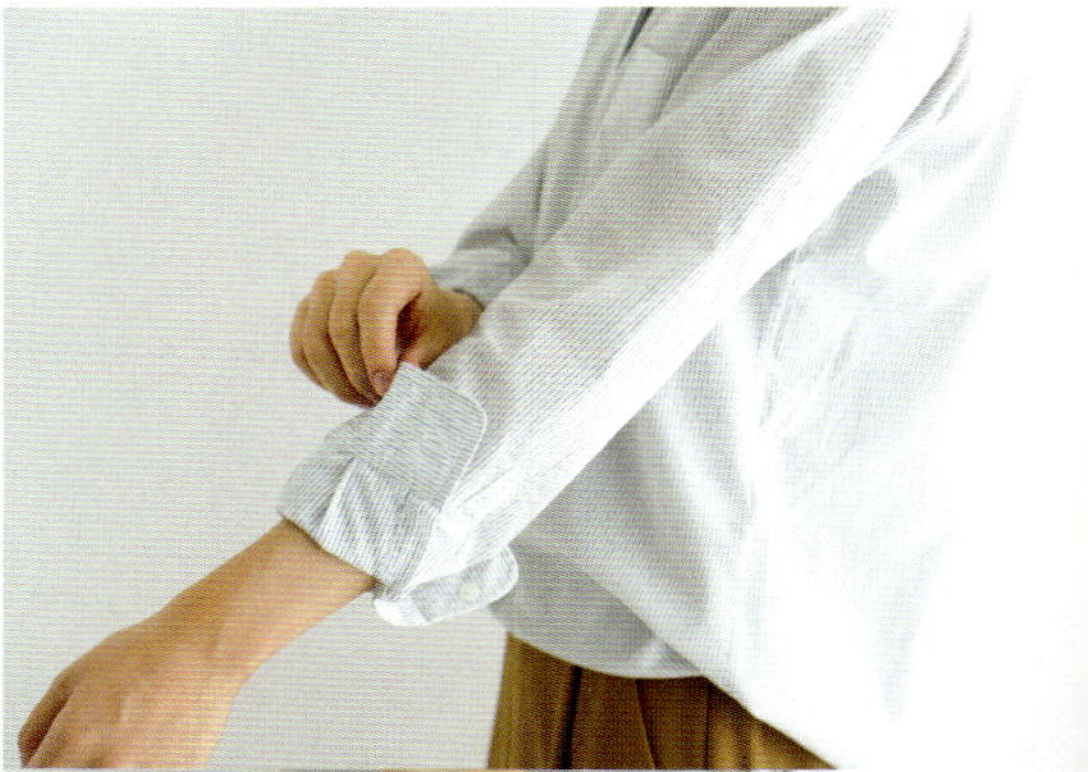

シャツの袖はまず大きくまくり、そのあとそれを半分にたたむようにまくると、くずれにくく、形も美しく決まります。ストールの長さは左右非対称にすると、こなれ感が。

きれいに「着くずす」ポイント

雑誌などで「着くずす」という言葉をよく目にします。けれど言葉の意味は何となく理解できても、ファッションとして取り入れることは、難しく感じている人は多いようです。辞書で調べると、『粋な感じを出すために、装いの一部をわざと乱す』とあります。つまり、きれいに着た上で一部をラフにするのが、「着くずす」ということです。全体的にくずすと、ただ、だらしなくなってしまいがちで、おしゃれとして成り立たせるのは難しくなります。品よく着こなしたベースがあってこその、ものなのです。

一歩目としておすすめなのが、ジャケットやニット、シャツの袖をロールアップする方法。ラフに1、2回折り曲げたものを、アイテムによってはそこから、くしゅっとたくし上げましょう。これだけで、こなれ感が出て、分かりやすくおしゃれ度はアップします。ただし、たくし上げてできるシワは、肘より上にいかないように気をつけてください。上にたまると、何だかこれからひと仕事する気合いのようなものが、にじみ出てしまいますよ。

襟を抜くのも女性らしさが出る着くずし方です。やりやすいのはゆったりしたシルエットのドロップショルダーのシャツ。前ボタンを1つ、2つ外し、着物のように襟を抜き、襟足を出してみましょう。

ストールも分かりやすい変化をつけてくれます。ポイントは「左右対称にしないこと」。下にたらす部分の長さを、左右で少しずらしてみたり、左右のボリュームを変えてふんわり巻いてみましょう。

しつこいようですが、「着くずす」には、まずはきれいに品よく着ていることが大前提。そのことを忘れず、いろいろ試してみてくださいね。

大人ほど「小物」が重要になる

私も若いころは小物にこだわり、小物で個性を出し、まわりとは違う自分のスタイルを作ることに全力を注いでいました。買い物に行くと変わったデザインや派手な色の安くてかわいいバッグ、靴、アクセサリーなどをいつも探していたような気がします。もちろん年齢を重ねた女性にも、小物は重要です。ただし若いころの小物は「個性を主張する役割」のものだったかもしれませんが、大人にとっての小物は、「コーディネートをワンランクアップさせる」ためのもの。金銭的な面でも、力を注ぎたい部分です。

特に気をつけたいのは、靴やバッグのレザーアイテム。最近は本物のように見えるフェイクレザーのアイテムも多く出ています。雨の日用、子どもと遊ぶとき用など、状況に合わせて使うことには問題ありませんが、メインのアイテムとして使い続けるのはいかがでしょう？　最初はいい風合いでも、色落ちやシワの入り方で、どんどんそれと分かるものになっていき、そうなるとコーディネートを台なしにしてしまうこともあるのです。

そう、大人としてのおしゃれを考えたいのであれば、小物には洋服以上にとことんこだわり、品質的に「いいもの」を選ぶようにしましょう。厳選されたそのアイテムが、コーディネートを引き締め、大人に必要なエレガントさをプラスし、コーディネートをランクアップしてくれます。それはニットキャップや布製バッグなどカジュアルなアイテムであっても同じこと。気に入ったアイテムがちょっとお高めでも、勇気を持ってワードローブに加えてみてください。こだわりのバッグやシューズ、アクセサリーを使うことで気分が上がり、ファッションはより楽しいものになりますよ。

ワンピースにタートルネックというガーリーな組み合わせも、引き締め効果の高いゴールドチェーンのキルティングバッグを掛けると、とたんにぐっと大人な印象に変化します。

鮮やかなトップスやパンツの色を生かすなら、合わせるアイテムは、落ち着いた色味を２色まで。強い色を着るときは、それを生かすカラーリングを吟味しましょう。

先日お会いした年配の女性が、ピンク、水色、黄色のトップスを重ね着し、白のパンツに合わせていました。明るい色をプラスすると、印象も華やかになると思われがちです。けれどカラフルな色を使っているから、ぱっと若々しく見えるかというと、残念ながらそうではありません。顔つきやほっそりした体形と、そのカラフルさがなじまず違和感が生まれて、洋服は安っぽく見え、年齢もさらに上に見えてしまいました。

「コーディネートのなかに使う色は3色まで」と、昔からよく言いますが、今もそれはとても有効なアドバイスです。よほど滅茶苦茶な組み合わせをしない限り、3色までなら、おおよそうまくまとめることができるはず。そしてさらにその上で注意してほしいのが「大人の女性のコーディネートでは、『強い色』はー色」ということ。

色を「減らす」、色を「効かせる」

たとえば白のブラウスに鮮やかなグリーンのパンツを合わせるなら、バッグやシューズは抑えめの色、ライトグレーやネイビーで。柄もののカラフルなストールを巻くなら、全身白や全身ネイビーでもいいかもしれません。そしてワントーンコーディネートや、茶とベージュ、紺と青など、グラデーションコーディネートにするのもひとつの手段です。

小物で色をプラスするのも効果的です。ネイビーを中心としたコーディネートに赤のバッグを合わせたり、茶系の着こなしにオレンジのパンプスを効かせてみたり。

色数を減らしたり、ベーシックな色に効かせ色を合わせる方法は、着こなし力をあまり必要とせず、意外と簡単におしゃれ度を上げられる方法です。ただ単に明るい色、鮮やかな色をプラスしていくだけでなく、色を上手に使い、印象を上げる方法を見極めましょう。

「ツヤ感」を取り入れる

先日、仕事でお会いした40代前半の女性が、ゆったりしたパンツの、ナチュラル寄りのカジュアルなスタイルをしていました。合わせたトップスは白のとろみのあるブラウス。耳には小ぶりだけど、存在感のあるゴールドのピアス。適度にツヤ感をプラスした、お手本にすべきスタイルです。

ここまでいろいろと書いてきましたが、アイテム的なこだわりや、スタイルに関係なく、すべての大人の女性が忘れてはいけない要素が「ツヤ感」です。光沢感と言ってもいいかもしれませんが、女性らしい装いも、ハンサムさを演出する上でも、このツヤ感が必須です。年齢を重ねた大人の肌は、どうしてもくすみが出てきてしまいます。自ら発する華やかさが減っているのであれば、何かアイテムを使い、プラスしてあげなくてはいけません。

分かりやすいところで言うと、ゴールドのアクセサリーです。顔まわりにくる、ネックレスやピアスなどでゴールドを足すと、コーディネートがしまり、おしゃれ度はアップします。そして、大人の女性の肌をきれいに見せてくれるパールもおすすめです。青味がかった白、黄味がかった白、どちらが自分の肌を、きれいに見せてくれるでしょう？　今では定番となったコットンパールやウッドパール、ホウロウパールなど、素材によって光沢も違います。自分に合うものをじっくり選んでみてください。

シルクなど、光沢のある上質な素材でツヤ感を取り入れるのも大賛成です。最近は天然素材にレーヨンなどの化繊を合わせた、ほどよいとろみのある素材の服がたくさん出ています。そういった生地も揺れることで光を拾い、女性らしいツヤをプラスしてくれる頼れる存在です。

まずはツヤのあるスカーフ。慣れてきたらその上に、パールのネックレスを。そんな風に小物使いを楽しめるようになると、おなじみのブラウスもぐんとシックな装いになります。

街中で見かけた素敵な人や、友人の気になるコーディネートをノートにメモしてみましょう。雑誌で気になった服の切り抜きも貼って。目指すおしゃれが明確になっていきます。

「素敵な人」からおしゃれを学ぶ

雑誌の撮影でご一緒した女性カメラマンが、スタジオを出るときにさっとメガネをかけました。「度が入っているんですか？」と尋ねると、「違うんです。UVカットのメガネなんです」と。ナチュラル系ファッションのカメラマンさん、サングラスはちょっと気恥ずかしいけど、メガネなら気負いなくかけられ、違和感なくコーディネートのアクセントになります。その場にいたスタッフ全員が、やはりサングラスには抵抗があったらしく、「それいいいね！」と賛同しました。こんな風に、ふとした瞬間にまわりからもらえるヒントは、大切にしていきたいものです。

街を歩いている人たちからも、たくさんのヒントが発信されています。前から歩いてくる人、すれ違った人を、「素敵だな」と感じて、見入ってしまうこともあるでしょう。そこでただ見るだけで終わらず、なぜ素敵と感じたのか考えてみましょう。着ているアイテムでしょうか？　帽子や靴などの小物使い？　それともヘアスタイル？　歩き方でしょうか。その「素敵な雰囲気」を醸し出している理由を、自分に生かすことはできそうでしょうか。

まわりにいる知り合いや、テレビで見る芸能人などが着ている服を見て、「あ、いいな」と思うこともありますよね。好みのものを見て思うのはもちろんですが、普段自分では選ばないタイプの服を素敵に着こなしているのを見ても、そう思うことがあるはず。そのときは自分のファッションの幅を広げるチャンス。次のお買い物での「試着してみるリスト」に入れてしまいましょう。もちろん似合うかどうかは冷静に判断しなければいけませんが、素敵な人から発信されるテクニックやアイデア、おしゃれのコツには、常に敏感でいたいものですね。

「雰囲気」を作る意味

おしゃれをする上で大切なことのひとつに、「雰囲気作り」があります。「自分がどうなりたいか」「人からどう見られたいか」など、自分のイメージ作りについて、考えてみたことはありますか？

お客さまとカウンセリングでお話するとき、すべての方が悩みや要望をうまく言葉にして伝えられるわけではありません。そんなときは、好きな女優さんや素敵だと思うタレントさんをお聞きすることがあります。誰かを思い描くことで、その方の好きな雰囲気が分かりやすく伝わり、その先のビジョンが明確になっていきます。最近お客さまから出たのは、深津絵里さんやキャサリン妃の名前。深津さんを好きな女性は、フェミニンなトップスをカジュアルに着ることに初挑戦。キャサリン妃に憧れる女性は、全体のラインをすっきりさせたきれいめなカジュアルスタイルに満足されていました。不思議なものですが、モデルとする人がいると、『その気』になる力」も高まり、少し難しく感じるアイテムを「着こなす力」も、同時にアップするのです。

そして雰囲気を作り上げるときに大切なのが、姿勢です。格好いい女性を目指す人が、背中を丸めて歩いていたら、ファッションやメイクが完璧でも素敵には見えません。フェミニンな雰囲気を出したい人が、がに股歩きではかわいいパンプスも台なしです。立ち方、歩き方によって、その人の持つ雰囲気は、大きく変わります。

好きな自分を目指すには、もちろん内面を磨くことが必要ですが、まずは外見を変え、その外見に見合う自分を目指すほうが、スムーズです。その道のりで、「雰囲気作り」を意識することは、とても大切なことなのです。

つばが広めな通称「女優帽」や、つま先がとがった赤いパンプス。頭にイメージする人が浮かぶなら、難易度が高そうなアイテムも、エイッと着こなしやすくなるものです。

「ワードローブチェック」実例集

chapter

2

自分のスタイルを見つけていくときに、
どんな点に注意すればいいのでしょう。
現在のクローゼットの現状分析と、
追加していくべきエッセンスを整理します。
5人の方々のワードローブを拝見して、
実際にアドバイスしてみました。

SHOES
SHOES
SHOES
SHOES
SHOES

「いつも同じ」から少しだけ脱却したい

主婦　佐藤絵理さん

before

5年前の出産以来、動きやすくシンプルで、よごれが目立たないものがワードローブの中心に。結果、モノトーンの天然素材の服が多い。かつてはスカートやワンピースも好きだったけれど、現在はほぼパンツを中心とした、カジュアルなワードローブで毎日を送っているそうです。

出産・育児のなかでワードローブが大変化

20代のころはデザイン性の強い服が好き。かつての勤務先、レザーブランドの職場が東京・青山だったので、人気店によく足を運び、国内外のいろんなブランドの洋服を手にしてきたという佐藤さん。ところが出産後にワードローブは激変。現在も、やんちゃな5歳の息子さんとの生活を考え、動きやすいパンツスタイル、そしてよごれも目立たない、黒やグレーの服が多くなってきたそうです。

「スカートをはきたい、はきたいと思いつつ、なかなか手に取らないでいるうちに時間がたってしまって。けれど、子どももも間もなく小学校に上がり、少しずつ手が離れていくので、またスカートも復活させたいと考えています」と佐藤さん。

そんな彼女のお宅にお邪魔して、クローゼットをチェックすると、アイテム別にきちんと整理された棚や引き出しは、手持ちの服や小物が一目瞭然。どの服も大切にされていることがよく分かり、うれしくなりました。ものの選び方に一本、筋が通っていて、いわゆる「タンスのこやし」がないのはさすが。気に入った形があると、色・柄違いで揃えることも多いらしく、ご自分の体形をよく知る人ならではのもの選びです。

今の服を生かしつつ新鮮さをほどよく足して

佐藤さんは、顔立ちも女性らしいし、スタイルも抜群なので、「スカートを着ないのはとてももったいない!」と、強く思いました。現在の服のベースは生かしつつ、さらに新鮮さをプラスするアイテム追加を考えました。

「スカート選びも、年相応であること、変に若作りにならないようにしたい」と話す佐藤さん。普段はトップスもボトムスもコンパクトなIラインのコーディネートが多いようですが、フレアやギャザーといったふんわりとしたラインが入ると、印象が和らぎ、女性らしさもアップしそう。ただしその際、ボリュームが出すぎない素材を選ぶこと、足元は少しかっちりした革靴で引き締めると甘くなりすぎず、バランスよくなりそうです。

そしてもうひとつ、「色」はぜひ着こなしに取り入れるべきだと思いました。佐藤さんのクローゼットを開いたとたん「黒、多いですね……」と、思わず口に出てしまったほど、無彩色が中心でしたが、それはもったいない! 色ものに手を伸ばすときも、ついブルーなど寒色系のアイテムを選びがちだそうですが、佐藤さんは実は、鮮やかな暖色がよく似合います。もし服が難しく感じるのであれば、巻きものやバッグなど、小物類から始めるといいでしょう。きっと着こなしの幅が、うんと広がるはずですよ。

佐藤さんの手持ちアイテム

a 丈と肩幅の狭さが気に入ったというＧジャン。コンパクトなトップスを作りやすい便利アイテム。b 白地に青のパネルボーダーのバスクシャツは、長年の定番愛用品。c「ドレステリア」のラベンダー色ニットは、佐藤さんのワードローブのなかではほぼ唯一と言っていいほどの、きれい色アイテム。ぜひもっと活用させたい一枚。d キリッとした表情のストライプシャツ。このタイプのシャツは他に何枚も持っていて、日々の着こなしの登場回数も多いとか。佐藤さんの凛とした空気感ともよく合っています。e シワ加工されたチェックシャツは、アイロンがけの手間が省けるので、ありがたいそう。f パンツは細身のストレートが中心。味のあるウォッシュドデニム。g「バンヤードストーム」のきれい色のテーパードパンツ。h「20／80」のキャンバス地バッグ。クラッチタイプなので、着こなしのアクセントになりやすい。i 金のバックルとのコンビが素敵なベルト。j はく回数の少ないパンプスは「ザラ」のリーズナブルな靴を上手に活用。k 大切にはき続けてる「サルトル」のレースアップシューズ。

佐藤さんへのおすすめコーディネート

after

＋したのは

フレアスカート／ペーパーハット／
スカーフ

＋したのは

白ジャケット／コットンパールネックレス／
ラフィアパンプス

フレアスカートに挑戦するときは、コットンやリネンの巻きものの代わりにシルクのスカーフを。ふんわりしたスカートのやさしい雰囲気がピリッと引き締まり、小物の黒ともリンクして、おしゃれ度も増して見えるはず。

普段はトップスもコンパクトにしがちな佐藤さんですが、ボリュームのあるジャケットと合わせてメリハリをつけると、新鮮なバランスに。着慣れたボーダーもきれい色でまとめると、華やかかつ女性的になります。

after

＋したのは

白リネンマキシスカート／
ニットのクラッチバッグ

甘くなりがちなリネンのマキシスカートも、黒の革靴で引き締めればＯＫ。白でも天然素材なら、じゃぶじゃぶお洗濯できていいのでは？　さらにバッグで鮮やかな赤をプラスすると、気分もぐっと上がると思います。

after

＋したのは

朱赤カーディガン、５分袖ニット／
コットンパールネックレス

ぜひ挑戦してほしかったのが、朱赤のツインニット。佐藤さんの清楚な雰囲気に、さらに華やかさが加わりました。着慣れない色を取り入れるときは、最初はデニムなど普段着と合わせると、抵抗なく挑戦できます。

＋したのは

デニムフレアスカート

スタイルのいい佐藤さんは、昨年から人気のミモレ丈のスカートもよく似合います。チェックのシャツはすっきりとウエストインし、ベルトでウエストをマーク。白ソックス＋革靴を合わせて、清潔感のある装いに。

そろそろ自分らしいスタイルを
確立したい

会社員　わたなべよふこさん

before

もともとはカラフルな服、個性的な服が大好きだけど、最近、堅めな業種の職業柄、紺・白・グレー・ベージュなど、落ち着いた色味の、仕事着にも使える服が増加傾向に。定番アイテムのよさに憧れつつ、デザイン性が強い服にもひかれる……「自分らしさ」を探し中。

30歳を過ぎてから大人の着こなしを意識

都内で会社員をしているわたなべさん。会社の服装は比較的自由ですが、それでもウィークデーは常に、シンプルで清潔感のある着こなしを心がけているそう。なのでここ数年は、コンサバティブな印象の服が増えているそうです。一方で、もともとはカラフルな色やパンチの効いた色も大好き。「似合う」「似合わない」は別として、ものとして服にほれ込むようなところがあって、気に入って10年以上、大切に残しているものも多いとか。また、人からいただく服も多く、特に亡くなったおばあさまのタンスからも「これ、かわいいかも?」と形見代わりに譲り受けたものが、何枚もあるようです。けれど「30代に入り、自分らしい着こなし、大人ならではの装いの大切さを実感するようになり、ワードローブを見直したくなってきました」とわたなべさん。数を買うほうではないそうですが、「いつか着られるかも」と思いつつも、実はコーディネートしあぐねている服も多いそう。「頭のなかを『断捨離』という言葉が、何度かよぎるのですが……」

洋服には「着る」以外の役割もあるはず

よく「2年着ない服は処分して」とアドバイスする方も多いですが、もしその服にものとして愛着があるなら、私は手放さなくていいと考えています。ただし、その服を無理に生かそうとして、今の自分に合わない服を追加で買って、軸のぶれたコーディネートをするのは反対です。あくまで自分に合うスタイルをきちんと見据えていけば、無駄な買い物はしなくなりますし、その服の役割が終われば、人に譲ったりリサイクルに出したり、自然に手放せる日がくると思います。

さて、わたなべさんの服を一枚一枚チェックしていくと、色や柄、アイテムのテイストやブランドも実に多彩であることが判明しました。わたなべさんも「あらためてワードローブを客観的に見てみると、ただ漠然と好きな服を手にしているだけで、一貫性がない……」と、考え込んでいました。今後彼女には、どんな女性になりたいか、どんなスタイルを目指したいのか、「スタイルの核」となるものがどうやら必要なようでした。

わたなべさんは、おばあさまの古着などもサラリと上手に着こなしたりして、流行に惑わされず、「私の好きな世界はこれ」と言い切れる、しっかりした個性があります。ただ惜しいのは、着こなしがふんわりした印象にまとまっていることが多い。ほんの少しエッジの利いた服を取り入れると、ぐっと垢抜け、同時に大人っぽさも生まれて、自分らしいスタイルも固まってくると思いますよ。

わたなべさんの手持ちアイテム

a

b

c

d

e

f

g

h

i

a コンパクトな肩幅と細身のシルエットにひかれて購入したトレンチコート。*b*「ミントデザインズ」のリネンウールのガウンコートは、リラックスした休日コーディネートに登場します。*c* 紺のコットンカーディガンは通勤によく活用。*d* 着たときのシルエットが美しい「ノーコントロールエアー」のカットソー。*e* 上品なフリル感、着まわしの利くベージュなので、「カーディガンのインナーとして、会社にも着ていけそう」と選んだタンクトップ。*f* センタープレスのメンズっぽいシルエットのパンツは、「ユナイテッドアローズ」で購入したもの。通勤着として活用。*g* おばあさまの形見として譲り受けた花柄の、今で言うガウチョパンツ。ノスタルジックで昭和な雰囲気ですが、色合わせがシック。*h*「通勤に使えるかも」とセールで購入したものの、着こなしに迷っている紺のタイトスカート。ヒールと合わせるコンサバ風以外のコーディネートを考えあぐね中。*i* 10数年前のバリ旅行で、繊細な編み目にひかれて購入したかごバッグ。登場させるのが夏限定になっていて、活躍の幅を広げたいと思っているそう。

わたなべさんへのおすすめコーディネート

after

＋したのは

中折れハット／ウッドネックレス／
レースアップシューズ

おばあさまから譲り受けたワイドパンツ、ガウンコートなど、洋服類はすべてわたなべさんの私物。ベージュ系でまとめたなかに紺色のカーディガンを挟み、黒の革靴を合わせて引き締め、全体にメリハリをつけました。

＋したのは

幾何学ニット／ウィングチップシューズ

ネイビーのタイトスカートは、コンサバな雰囲気にならないよう、インパクトのある幾何学模様のニットを合わせ、若々しい印象にまとめましょう。足元は白い靴と、脚が細く見えるくるぶし丈のソックスで、軽やかに。

+したのは

白レースブラウス／レーススカート／
ウッドネックレス／レースアップシューズ

歌舞伎好きだというわたなべさんに、おしゃれ着として白レースのセットアップをおすすめしました。白と組み合わせると、分量の多いトレンチコートも軽やかに。その分、足元は黒の革靴で引き締めてバランスを取ります。

+したのは

ブルージャケット／ボーダーカットソー／
スカーフ／ウィングチップシューズ

定番アイテムの紺ストレッチパンツは、きちんと感のあるジャケットを合わせることでオフィス対応に。カジュアルな印象のボーダーカットソーも、シルク素材のスカーフを合わせれば大人っぽい表情に変身。

おしゃれを変えるきっかけがつかめない

おしゃれは嫌いではなくむしろ好き、「けれども最近、自分が何を着ていいのかが、さっぱり分からなくなってきて」と話す鈴木さん。

「ファッション雑誌を見ていても、なぜか『自分のこと』として、引き寄せて考えるのが少し苦手なんです。モードの世界を、どちらかというと建築やアートと同じ感覚で眺める感じが、好きなんだと思います。だからいざ、自分の着こなしとなると、悩んでしまって」

ワードローブをチェックしてみると、長年大切にしている花柄のブラウスやパンツ、リボンモチーフのついたニットなど、甘めのアイテムがやや多め。一方、会社の服装は、業種の関係からぐっと堅めで、紺、グレー、黒など落ち着いた色合いのセットアップや、シャツやニットに膝丈スカートを合わせ、7～8㎝のヒール靴をはくことが多いそうです。

先日、40歳を迎えたこともあり、装いに「大人っぽさ」を加えていったほうがいいと考え中。けれど手元に何年もある服にも愛着があり、スタイルを切り替えるきっかけもつかめないと言います。

さらに肩幅が広いわりに頭が小さいなど、自分の体形にもコンプレックスがあって、服選び、サイズ選びに悩むことも。仕事が忙しいこともあって、最近はあまり服を熱心に探しに行く機会も減ってきて、その結果、「今着ている服がダメになったら、その代わりを探しに行く」という「消極的ショッピング」が続いていると言います。

クラシカルで大人なガーリースタイルに

「大人」の定義はいろいろですが、鈴木さんの場合、正統派な「エレガンス」方向に大人っぽさを追求すると、顔立ちや雰囲気から、「奥さま感」「マダム感」が強まってしまう傾向が。つまりコンサバ度がとても高くなってしまうタイプです。もちろんそれはそれで素敵なのですが、長年愛用している私物からは、どことなくノスタルジックでガーリーなスタイルがお好きだということが伝わってきます。

それならば、そちらの方向に引き寄せ、ちょっとクラシカルでレディな味付けをした、「大人ガーリースタイル」を目指してみてはいかがかと思いました。甘さはありつつも、強い色をプラスしたり、アクセサリー使いでさりげなく大人っぽさを演出するのです。そしてときには、ワークパンツやデニムなど、メンズっぽいアイテムも取り入れ、ピリリと引き締めるコーディネートを組み込んでみる。そうすると、鈴木さんの女性らしさが、さらにいいかたちで際立つのではないかな？　と思いました。

鈴木さんの手持ちアイテム

a

b

c

d

e

f

g

h

i

*a*お母さまがプレゼントしてくれた「マルニ」のニット。形は大好きだけど、何と合わせていいのかイメージがわかず、なかなか使いこなせていない一枚。*b*フューシャピンクのカシミア素材クルーネックニットは、10数年にわたる愛用品だとか。ザ・定番な形が飽きのこない理由。*c*カシミアのアンサンブルは、2枚重ねると最強の温かさ。単独で着るときも多いけど、寒い日はセットで。*d*中学生のころの「一張羅」だったブラウスを、いまだに大切に保管。サイズはまだ大丈夫だし、胸元の刺しゅうがきれいで、今も手放せないでいるそう。*e*「バーバリー」のチェック柄タイトスカートは、主にオフィスで活用。*f*「ユニクロ」のテーパードパンツは、鈴木さんの手持ちアイテムのなかでは、数少ない辛口アイテム。買ってみたら意外に重宝。*g*黒のブーティーは、秋冬の通勤に活躍。*h*くるぶしをくるりと巻くタイプの「レペット」のストラップシューズ。黒のレザーとヌバック素材がコンビになったデザイン。*i*くるぶし丈のショートブーツ。基本的にはヒールがあるほうが、自分らしいバランスを取りやすい。

鈴木さんへのおすすめコーディネート

after

＋したのは

Vネックニット／パールネックレス／
スカーフ／クラッチバッグ／パンプス

鈴木さんのワードローブには「ゆったりニット」が見当たりませんでしたが、彼女のような細身の女性にはぜひ挑戦してほしいアイテムのひとつ。メンズっぽいカーキのパンツと女らしい小物で、メリハリのある装いに。

＋したのは

パールネックレス

私物のニットとスカートの組み合わせに、パールネックレスと、白っぽいストッキングでクラシカルな味付け。足元は黒で強さを出すように。彼女のような白い肌には、このニットのような鮮やかなピンクがよく映えます。

after

＋したのは

パールネックレス／
胸あて付きスカート

ミントグリーンのアンサンブルを、インパクトのある黒スカートと合わせました。アクセで胸元にポイントを持たせ、スカートにボリュームのあるタイプを合わせると、気になる肩幅も、ほどよい目くらましになります。

after

＋したのは

ドルマンコート／コーデュロイスカート／
クラッチバッグ／ベルト

「クラシックだけど、ガーリー」「ガーリーだけどクラシック」を表現するのにぴったりな、ドルマンコート。ただし色合いは落ち着いたモノトーンでまとめ、ベルトやクラッチ、靴など小物類は黒で統一して引き締めます。

＋したのは

柄もののカットソー／
デニムパンツ

使いあぐねていたニットを生かすコーディネートです。ボトムスをドレッシーにすると甘くなりすぎるので、あえてデニムでカジュアルミックスしました。足元は黒ヒールで、やや強さを出すのがポイント。

カジュアル派の
大人着こなしを模索中

主婦　小林幸乃さん

before

若いころから好みがあまり変わらず、カジュアルで着心地のいい服が好き。ブルー、カーキ、茶色といった男の子っぽい色合いが好きなので、最近、全体的に着こなしがくすんで見える悩みも。普段着はほとんどパンツ派で、旦那さまがやせ型なので、ときどき服を共有することも。

若いころから変わらずカジュアルスタイル

たとえばグレーのパーカに、デニムのオーバーオール、白地に紺のボーダーのカットソー、オックスフォード地のボタンダウンのシャツなどなど。好きな服は20代のころから、そして4年前の出産以降も変わらない。だから「ワードローブには、10年選手の服が何枚もある」という小林さん。コットンを中心に、洗いざらしで風合いが気持ちいい素材、少しボーイッシュでシンプル、カジュアルな服装が好きなのだそうです。

でも、好きなものが変わらない……というのはいい表現で、裏を返せば、実はほんの少しマンネリを感じているときも。「形が似たりよったり」「色のバリエーションがない」、つい手に取るのは「同じような服ばかり」。子どもがまだ小さいということもあり、なかなか買い物にじっくり時間が取れず、手頃な価格帯と着まわしできそうな雰囲気から「ま、これでいいか」と、妥協して買ってしまうこともしばしば。

「おしゃれはあきらめたくないものの、何となく〜くずるずると、今の状態に落ち着ていて、着こなしをバージョンアップしていく手段が分からない。全体的にカジュアルなので、年相応にしたほうがいいと思いつつも、コンサバになりたいわけではないし、じゃあいったいどうすればいいの？　と、考えてしまいます」

少年っぽさをほどよく生かしながら

小林さんのクローゼットを拝見すると、ベーシックなアイテムはもちろん、自分の個性に合わせたデザインアイテムも適度に入っていて、「おしゃれを楽しんでいるな」という雰囲気がよく伝わってきました。そして彼女の「少年っぽさ」は、とても「いい部分」で大切な「個性」。全身のスタイルもよく、おしゃれな雰囲気も醸し出しやすいので、いくつ年を経ても、その個性を生かしたコーディネートを考えていけるといいですね。

処方箋はふたつ。まずは色のくすみを改善するために、適度にきれい色を着こなしに取り入れましょう。赤やオレンジなど、鮮やかで明るい色がお似合いなので、ぜひ挑戦してみてください。そしてパールのアクセサリーや赤のポインテッドシューズなど、女性ならではのアイテムをほどよく取り入れていくこと。その際「エレガンス」路線よりも、「ボーイッシュ」とも相性のいい「ガーリッシュ」を意識した着こなしにすると、今までのスタイルから違和感なく、「女性らしさ」や「かわいらしさ」を添えていけるのではないかと思います。今の手持ち服と相性のいい、大人のガーリーアイテムを、少しずつ揃えていけるといいですね。

小林さんの手持ちアイテム

aボレロ風ニットカーデは、トップスに表情をつけたいときに便利。b肉厚でコンパクトなグレーパーカは「アメリカンラグシー」のオリジナル。cもう7〜8年愛用しているという「A.P.C.」のストライプシャツ。dボーダーシャツは小林さんの永遠の定番。e妊娠中に購入した「ウエストウッドアウトフィッターズ」のオーバーオール。普段はカットソーなどと合わせて楽に着ることが多い。f「グローバルワーク」のデニムワイドパンツ。動きやすく日々の着こなしに重宝。g旦那さまのお下がりの「ディッキーズ」のワークパンツ。hもともとはマキシ丈だったものを、自分でカットしてハーフ丈にしたコーデュロイパンツ。i猫好き、ブローチ好きとして見逃せなかったという、猫モチーフのブローチ。j「チェスターウォレス」のキャンバスバッグは、持ち手のイエローがポイント。k「カンペール」のブーティーは、歩きやすさも魅力。l足の形に合うので気に入っている「ツモリチサト」のTストラップシューズ。m前回はきつぶし、こちらの「コンバース」のオールスターハイカットは二代目。

小林さんへのおすすめコーディネート

after

＋したのは

トレンチコート／パールネックレス／
エナメルシューズ

パーカやボーダーといったカジュアルな服を、デザイントレンチやパールネックレス、エナメルシューズなどレディなアイテムでミックスさせてみました。小物のツヤ感が、コーディネートに華やかさをプラスします。

＋したのは

ウールジャケット／白カットソー／ストール／
ニット帽／パールネックレス

いつもはカジュアル方向にしか着ないというオーバーオールを、ジャケットと組み合わせて、おしゃれ着仕様にさせてみました。ツヤ感のあるニット帽やスカーフ、ホウロウパールのネックレスなどを効果的に配置。

＋したのは

白フレアスカート

手持ちアイテムにスカートだけをプラスして作った、無理のない大人ガーリースタイル。白とグレーのメリハリを利かせたカラーリングでまとめ、胸元に猫ブローチで、小林さんらしいユーモア感をほんのり足して。

＋したのは

カシミアセーブルニット／パンプス／パールネックレス

メンズパンツにはゆるっとした鎖骨の出るニットを合わせ、女性らしさをアップ。パンツの裾はロールアップ、ニットも軽くたくし上げ、鎖骨、手首、足首を見せることで、きゃしゃな雰囲気を演出しましょう。

after

＋したのは

朱赤ニット／
ボーダータンクトップ

ワイドなデニムパンツにぱっと目を引く朱赤のニットを合わせて、マリン風トリコロールコーディネートにしました。ニットの裾からボーダーのタンクトップをチラ見せさせ、少し軽さを出すのがポイントです。

保管し続けている服を活用しきれていない

ヨガインストラクター　岸 美和さん

before

体を使った仕事をしているせいか、服装はゆったりしめつけない服、着心地のいい素材、歩きやすい靴などが中心に。かつて自分が買った服や、人から譲り受けた服がたくさんあるので、ここ最近はほとんど服を買わず、手持ちのアイテムを着まわす日々を送っている。

過去の愛用品や譲られた服を活用したい

ヨガのインストラクターをしつつ、南インド古典舞踊のダンサーとして活躍している岸さん。お買い物好きなお母さまが、新しいものを手にしても、ときには使わないまま手放す様子をそばで見ていて、それが反面教師となったのか、とにかく「ものを手放せない」というのが悩みと伺いました。

自宅のクローゼットは整然と美しく、大切にたたまれて衣装ケースに整理されており、必要なものはクリーニングに出し、保管されていました。しかしその服の「歴史」に驚かされます。おばあさまから、お母さまから、友人から譲り受けたもの、自分自身が20年前から買ってきたもの……。バブル時代のエレガンス風のアイテムや、中学生のころの思い出のセーター、襟の形や肩のデザインに時代を感じさせる服などもチラホラ。さらに「これ、何となくインドっぽいからあげるよ〜」と、プレゼントされた小物類もたくさんありました。

そのような服をたくさん持っていながら、引き出しの手前にあるアイテム2〜3枚を中心に、重ね着をしたり、冬はショールを巻いたりして防寒し、日々、限られた服を着ているそう。

「暮らしのなかで、服の優先順位がそんなに高くないので、着心地のいい服を着られたら実はそれで十分。ただ、たくさんの服が『タンスのこやし』となっているのがかわいそう。そして普段着ばかりなので、少しおめかしをしなければいけないときに、どうしたらいいのかな？というのが悩みです」

突き抜けた個性を服で表現して

岸さんは、強い個性の持ち主です。いい意味で世間の流行からも離れていて、他の方なら難しくて着こなしあぐねるような独特な服も、岸さんなら難なく着こなせてしまうケースが多いのです。エキゾチックな顔立ちなので、ゆったりとした服、ずるずるしたシルエットの着こなし、つまり少しオリエンタルな、どこか民族衣装を思わせるようなコーディネートが、やっぱりお似合いです。

ただ手持ちの服だけでコーディネートを作ろうとすると、どうしても無理が出てしまうので、そこにほどよい「今」の空気感をプラスすることが鍵。この「今」というのは、別に流行アイテムである必要はなくて、今現在、日本のショップで手に入る洋服や小物類を組み合わせるだけでも、不思議と「今」の空気感が出てくるものなのです。岸さんの素敵な個性と手持ち服を生かせる、新しい風をいくつかお好みで取り入れてみてはいかがでしょうか。

岸さんの手持ちアイテム

a 15年ほど前に購入したトレンチコート。当時は会社員だったので、こういうきれいめアイテムがいくつも残っている。b 前身頃にドレープができる変形ニット。カシミア素材なので肌ざわり抜群。c 知り合いのニット作家さんが手がけたアシンメトリーニット。ウール×シルクで、ほんのり光沢感も。d 抗菌作用があり、汗をかいてもサラサラの肌ざわりが持続する竹布のカットソー。e アジア雑貨店で購入した厚手コットンのガウチョパンツ。オールシーズン活躍する便利アイテム。f 20年ほど前ロンドンみやげでいただいた「リバティ」のクジャク柄のスカーフ。g おみやげでいただいた、インドネシアのろうけつ染めのストール。h パシュミナのストール。i 友人からプレゼントされた刺しゅうの民芸品バッグ。肩ひもは中に入れ、クラッチ風に持つこともできる。j レトロな黒ショルダーはお母さまからのお下がり。k こちらも友人が捨てようとしていたものを譲り受けたポシェット。l 旅先の露店で買ったネックレスたち。m インド製ブレスも友人から。n 黒のシンプルなブーツは会社員時代の名残。

岸さんへのおすすめコーディネート

after

＋したのは

チェックウールパンツ／
スカーフ／パンプス

いつもは下に長いまま着ることが多いというロングニットを、ベルトでブラウジングさせ表情に変化を。スカーフ使いや足元のソックス使いなどでひと工夫して、女性らしい雰囲気をプラスしています。

＋したのは

紺カーディガン／プルオーバー／
ワイドパンツ／帽子／シルバーシューズ

使いあぐねていたトレンチを復活させるコーディネートです。コートがかっちりしているので、インナーはドレープ感のあるアイテムでゆったりと。帽子でおしゃれ感を足すと、コンサバとはまた違った着こなしに。

after

＋したのは

ニットコート／ロングシャツ／
チュールスカート

岸さんが持っている小物類を生かすためのコーディネートです。ニットコートにロングシャツという、彼女らしいリラックスした雰囲気の組み合わせ。首が長いので、襟にボリュームのあるニットがお似合いです。

after

＋したのは

ロングスカート／
シルバーシューズ

＋したのは

ベロアプルオーバー／
ブーツ

ゆったりした服を着るとき、普通はトップスかボトムスをコンパクトにするのがセオリーですが、岸さんは「上下どちらもゆったり」がはまるタイプ。スカートと靴でシルバーを選び、少しキリッとした表情を加えました。

ヘビーユースしているというガウチョパンツを、光沢感のあるベロアトップスでシックなイメージにコーディネート。スカーフというと首に巻くだけと思い込んでいる人も多いですが、こんな風にヘアアクセとしても活躍。

chapter 3 ワードローブチェックの方法

「今の自分」にふさわしい
かたちにするための改善点を整理したら
今度は実際に、ご自分のワードローブを
点検していきましょう。
手順を踏まえて実践すれば、
これからのおしゃれが大きく変わるはずです。

NOTEBOOK

実践！　自分でできるワードローブチェック

さてこの章では、私がコーディネートサービスで行っている、カウンセリングやワードローブチェックを、自宅で行える方法をお教えします。手順を細かく書いているので、「全部やらなきゃいけないの……？」と、腰が引ける方もいるかと思いますが、慣れてくると、考え方やコツがつかめて、自分に必要な部分だけをピックアップしてできるようになっていきます。ただし「今の着こなしに不満がある」、なのに「どうしていいか分からない」という方は、ぜひ一度、手順通りにじっくりチェックしてみてください。漫然と思い描くだけでは、決してたどり着けなかった「自分らしい着こなし」「目指すべきコーディネート」へ向かうヒントが、きっと見つかると思いますよ。

1 服を出し、アイテム別に整理する

まずは手持ちのアイテムをすべて見渡せるよう、ひと部屋に出してみましょう。春の着こなしを考えたいなら、春に実際に着そうな服を。ただしアウターからサポートアイテム的なインナー、オールシーズン服、靴やバッグ、アクセサリーなど小物まで、すべて出すのがルールです（靴も不用な新聞紙などにのせ、部屋の中に置きます）。

たいていの人はここで、「こんな服を持っていたんだ」と驚いたり、「タグを付けたままの服があった」といった発見があるはず。それらをまずはアイテム別に分け、さらに「よく着る服」「着ていない服」に分けます。そうするとこの時点でも、自分が好きな服、自分がバランスを取りやすい服など、おおよその傾向が見えてくるのではないかと思います。

まとめ

- できればそのシーズンの始まる前に行う
- 持っているアイテムを、小物まですべて部屋に出す
- アイテム別に分け、さらに、よく着る服・着ていない服に分ける

2 全身コーディネートを作る

「よく着る服」は「使えるアイテム」。「着ていない服」は、「これからうまく着こなしたい課題服」、もしくは「必要ない服」です。そんなことを軽く意識しながら、まずは気軽に、全身コーディネートをどんどん作り上げていきましょう。

作りながら「あ、これ、来月のイベントに着ていきたいな〜」「これは通勤用かしら」といったことを何となく考え、さらに自分にとって必要なシチュエーションと、あるといいコーディネート数をイメージします。

作り方のコツは、ボトムスを軸にして考えていくこと。基本的にトップスよりボトムスのほうがシンプルなものが多いので考えやすく、トップスを取り替えていくことで、着こなしにどんどん変化がつくので、作っていて楽しいと思います。まずはお気に入りのボトムスから始めていき、次の一枚、その次の一枚と進めていきます。デニムは何にでも合わせやすいので、まずはそれから始めるのがいいかもしれません。

色合わせのコツとしては、派手な色、カラフルな色のものには、ベーシックカラーを合わせると失敗が少ないです。ただ、派手色を使う場合は、全体のコントラスト(明るい部分と暗い部分の差)が強くなると、高い着こなし能力が必要となるので、コントラストを抑えめにすると、難易度が低くなり、なじみやすいコーディネートになります。具体的に言うと、朱赤のニットに白いパンツを合わせると、コントラストは強くなりますが、朱赤にブルーデニムなら、コントラストは抑えめとなります。

上手に着こなしたいアイテム

使えるアイテム

また柄ものを着るときは、初心者は柄×柄は、とりあえず避けましょう。柄アイテムに合わせるアイテムは、柄の中の1色を拾うと、しっくりなじみます。ちなみに柄ものを買うときも、自分の手持ちアイテムのベースカラーが含まれているものを選ぶようにすると、コーディネートしやすくなります。

ふんわりスカートやワイドパンツなど、ボリュームのあるボトムスには、丈が長くない、ややコンパクトなトップスを合わせます。ボリュームのあるトップスには、細身のパンツやタイトスカートを。なお最近は、ボリュームのあるトップスはウエストインしたり、ブラウジングしたり、前だけ少しひっかけて着る方法もあるので、それを想定してコーディネートを組んでみると、着こなしの幅はさらに広がります。

さて、そんな風にコーディネートを作りながら、そのつど写真を撮っておきます。このときの写真はメモ代わりなので、ラフな感じで大丈夫。夏ならトップス・ボトムスだけのコーディネート、冬ならコートなど厚手のアウターの内側までを組み合わせるくらいでいいでしょう。最近着ていない服、無理しないとコーディネートが作れない服は使わなくてOK。

サクサク、コーディネートが進む人は、そもそも悩みが少ない方だと思いますので、悩みつつで大丈夫ですよ。

想定できる場面の例

- 家の中で過ごす服
- ご近所服
- 子どもの学校の参観日など用の服
- 病院や塾などの送り迎えの服
- アクティブな休日服
- 友人との食事会のおしゃれ着
- 観劇や映画に行く服
- 街中へ買い物に出かける服
- 仕事着（会社で内勤など）
- 仕事着（他社との会合など）

まとめ

- ボトムスを軸にコーディネートを考える
- 生活の場面を考え、
必要なコーディネート数をイメージする
- メモ代わりに写真に撮って記録する

3 コーディネートを着用し、写真を撮る

写真でメモしたコーディネートを確認しながら、今度はそれを実際に着用し、再び写真に撮ります。こちらはコーディネート全体の良し悪しやバランスをチェックするためのものなので、靴やバッグ、巻きものやアクセサリーなど小物類もすべて合わせ、できれば髪型も整えて、全身が入るように撮影します。実際に着てみると、違和感のあるコーディネートも出てくるはずです。トップスをインしたり、ロールアップしたり微調整して、それでもおかしいと感じたら、撮影しなくてOK。

まるでひとりファッションショーのような時間ですが、この段階でワクワクして「楽しい気分」になれたらこっちのもの。おしゃれの「楽しさ」を思い出せたのですから、きっとこの先の分析や、お買い物も楽しめるはずです。

逆に楽しくなかった人は、その理由を考えてみましょう。①ものが少なすぎる②似合わないものしかない③旬を過ぎた古い服しかない、この3つのうちどれかが原因なのではないかと思います。自分がはたしてどのパターンか、思い当たるでしょうか。

まとめ

- 用意したコーディネートを順番に着て、全身を撮影する
- 小物類までトータルに揃え、できれば髪型まで整える

4 コーディネートを「好き」「今イチ」「嫌い」に分ける

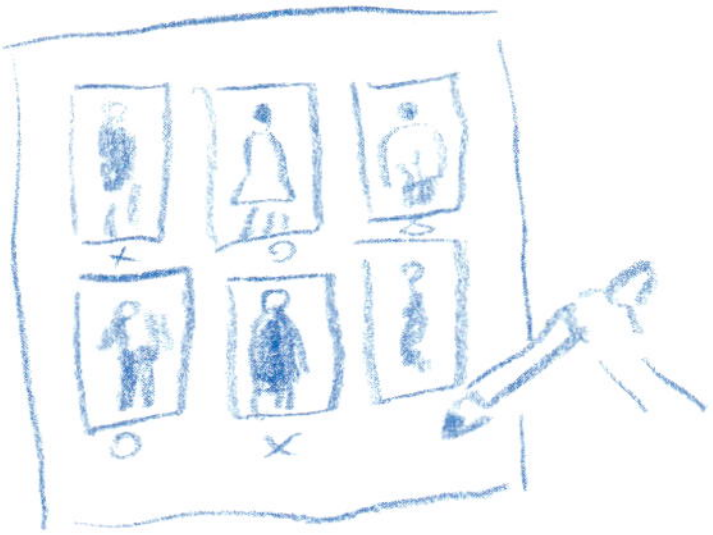

次に撮影した写真を、プリントアウトし、作ったコーディネートを「好き」「今イチ」「嫌い」の3つに分類します。この分類はあまり深く考え込まず、あくまで第一印象で決めるのがポイント。自分のことですが、自分から少し離れて、できるだけ客観的な見方をするように心がけます。

直感で決めかねた人は、以下のポイントに注目してください。①シルエット。自分の体形に合っているか、スタイルがよく見えるか。自分の長所を生かし、短所をほどよく隠す着こなしになっているかどうか。

②色使い。全身のカラーリングがいいかたちでまとまっているか。色を使いすぎてごちゃごちゃしていないか。逆に色が足りなくて、さみしげな印象になっていないか。自分の好きな色の組み合わせかどうかなど。

③アイテム同士の相性。たとえばガーリーなアイテムとボーイッシュなアイテムが、ちぐはぐな印象で組み合わされていないか。ミックス具合のさじ加減が妥当か。そんな点を、さっとチェックしてみてください。

まとめ

- 写真を見て、パッと直感で分類する
- 注目すべきは①シルエット②色使い
③アイテム同士の組み合わせ

5 それぞれのコーディネートを分析する

「好き」「今イチ」「嫌い」に分類したら、それぞれのコーディネートをなぜそう思うのか、その理由を分析していきます。プリントアウトした写真にメモ程度に書き入れてもいいですし、別にノートを準備して、詳しく理由を記録していってもいいかもしれません。

「好き」の分析は、きっと楽しいはずですね。体のバランスがすっきり美しく見える、着ていてワクワク気分が上がる、顔映りがよく見える、自分らしくてしっくりくる……。その「好き」の理由を大切にリストアップしましょう。それこそが、あなたのこれからのスタイルを作る「核」になる部分です。

ある程度年齢を経た方は、特にシルエットの部分をよく観察しましょう。ポイントはパンツ。一般的に、似合うトップスやスカートを探すのは比較的楽で、体形カバーもしやすいアイテムがよく見つかります。けれどボトムスは、ウエストの太さ、腰の張り具合、太ももと膝、ふくらはぎのバランスなど、さまざまな条件が結びつくので、「本当に似合う一枚」を探すのが難しいもの。「好き」のコーディネートのなかに、シルエットが気に入ったパンツが含まれているのであれば、今後もぜひ、そのアイテムをしっかり活用していきましょう。

一方「今イチ」「嫌い」の理由は何でしょう。単に「見飽きてる」「新鮮味が感じられない」という理由なら、靴を取り替えたり、アイテムを差し替えるととたんに輝きを取り戻す可能性があるので、復活候補として保留しておきます。

「好きじゃないけど、他に着る服がないから」「アイテム自体に愛着が感じられないから」……そんな理由のアイテムは、残念ながら手放す方向で考えたほうがいいかもしれません。まだ着られる服ならフリマやリサイクルショップで売ったり、寄付できる場所を探してみましょう。

「人に譲る」のは注意が必要です。よっぽど似合いそうな場合は別ですが、人からもらった服はなかなか捨てられず、困らせてしまう可能性があるからです。

「服自体は好きなのに、体形や雰囲気に合わなくなってきた」。こういう服は、無理に生かそうとせず、「眺める専門服」にしましょう。こんなことを書くと収納の専門家の方に怒られそうですが、服は「思い出力」が強いアイテム。気持ちが満足して手放す気になるまで持ち続けてもよいのでは……と、私は考えています。

嫌い

・顔色や体形が悪く見える
・着ていて少しイライラする
・自分らしさが感じられない
・今の時代に合っていない

今イチ

・ぼんやりして見える
・何となく古くさく感じる
・気分が今ひとつ上がらない
・体形の悩みがうまくカバーできてない

好き

・体のバランスがきれいに見える
・着ていて気分が上がる
・顔色がよく見える
・自分の個性によく合っている

まとめ

- 「好き」「今イチ」「嫌い」の理由を分析し、手放すアイテムを見極める
- 「見飽きている服」は復活方法を考える
- 「眺める専門服」は大切に保管する

6 必要なアイテムを割り出す

最初にイメージした「必要とされているコーディネート数」に対して、「好きなコーディネート」はどのくらい足りないでしょうか。あと何体分コーディネートがあるといいか、ざっと思い描きます。その上で、必要なアイテム(＝買い足すべきアイテム)を割り出していきます。

まずは①「好きなコーディネートを補強する服」。核となる「好きな着こなし」のバリエーションを作るのに、たとえば似たシルエットの服の色違い、素材違い、あるいはそのテイストをパワーアップさせるアイテムなどを考えます。

次に②「活用できてない課題服と合わせる服」。出番がないのは、それに組み合わせるアイテムがないからです。ただしその服が、「自分らしさ」の軸から外れていないかどうかは、じっくり吟味が必要です。今の自分にしっくりこないから手が伸びないのであれば、その服は手放す方向で考えたほうがいいかもしれません。

最後に③「雰囲気を変える小物」。エレガンス、ガーリー、ボーイッシュなど、新しいテイストを添える靴やバッグ、巻きものなど。いつもの服に、何かしら新鮮な風を吹かせてくれるアイテムです。

まとめ

- 今「好きなコーディネートを補強する服」を確認する
- 今「活用できてない服」を生かす服を確認する
- 小物の存在感を見直してみる

7 買い物のための情報収集を行う

自分に必要なアイテムを割り出したからといって、そのまますぐに買い物に出てしまったら、後先考えずに衝動的に買ってしまい、過去と同じような間違いを繰り返してしまいます。まずはじっくりと情報収集を行い、傾向と対策を練りましょう。

最初に自分の好きそうなファッションが載っている雑誌を、数冊、手に取ってみます。「しばらく雑誌を買ってなかったわ」という人も多いかもしれませんが、「今」の空気感を確認するには、雑誌はいちばん手っ取り早いヒントになります。好きなコーディネートや気になるアイテムがあったら、付箋を貼りつけたり、写真を切り抜いたりしてみてください。そうして集まってきた「好きなもの」を眺めていると、だんだんと「今のファッションのなかでも、自分が好きなのは、この雰囲気」という感覚がつかめてくるのではないかと思います。

ちなみに「雰囲気をつかむ」という点では、たとえば人通りの多い街角や交差点を見渡せるカフェなどに腰をおろし、しばらくの時間、定点観測をしてみるのも手。「あ、あの人おしゃれ」「あんなコーディネートしてみたい」と、いろいろ気づく点があると思います。実際に街を歩いている姿を見ることで、雑誌の写真とはまた違った、リアリティのあるイメージがつかめてくるはずです。

次にインターネット。必要な服を割り出して上がってきたアイテム名を実際に検索してみたり、大手ショッピングサイトなどをのぞき、コーディネートの傾向や流行アイテムを確認したりします。ネットでの情報収集は、とにかく「数を見る」ことを意識してみてください。膨大な服の情報を眺めることで、「このアイテムのメインの価格帯はこのくらい」「自分が好きな服は、このくらいの金額を出さないと手に入らない」といった感覚が分かってきます。できれば、普段自分が買うより少し高い価格帯のものを見るようにすると、アイテムを選ぶ目がさらに厳しくなると思います。

最後はお店を訪れて、実際に商品を手に取りながら、リサーチしましょう。それまで雑誌やネットで、さまざまな商品をすでに見ていると思いますので、お店で確認するのは、誌面やパソコンの画面では確認できない、素材感とディテールです。

素材感に関しては、手ざわりや透け感、身につけたときの落ち感など。ディテールは襟の形や袖口のリブ具合、レースやフリルなどの質感、縫製の状態など。このときも、普段自分が身につけている洋服より、少し上の価格帯のものも、積極的に手に取ってみましょう。そうすると価格というのは単にブランド名やデザインだけではなく、さまざまな要因のもとにつけられているのだということが、分かってくると思います。高いものが何でもいいわけでは決してありませんが、やはり確かな品質のものはどうしても、それ相応の価格がついているのです。

ここで「ピン！」ときて、「うまくコーディネートできる」とはっきり自信が感じられるアイテムがあれば、購入しても大丈夫です。けれどもし、まだもやもやとする部分があるなら、判断をいったん家に持ち帰り、自分の予算と照らし合わせて、もう少しじっくり考えてみたほうがいいでしょう。あわてる必要は、まったくありません。

まとめ

- 雑誌、街では自分の「好きな雰囲気」を確認する
- ネットでは「数」を見て、世間的な動向を確認する
- 店では手に取って「素材感」と「価格」を確認する

8 服にかける予算について考える

ある程度、情報収集がすんだら、今度は服にかける予算について考えます。おしゃれは来年も再来年もずっと続くもの。そのシーズンがんばっても、翌年息切れしてしまっては、意味がありません。生活のなかで無理のない、苦しくならない価格設定が必要です。

ファッションの世界は上を見ればキリのない世界。お金を出せば、いいもの、魅力的なものは数限りなく見つかります。もちろんそれがおしゃれの楽しみの一部でもあるのですが、変にあおられて、欲望をふくらませ続けるのはいかがでしょう。暮らしのなかで衣食住のバランスが取れていること、身につけているものが相応であることもすごく大切です。

また、いつもより買う服を厳選し、3枚買うところを2枚に減らし、その分、一枚あたりの予算を増やすこともおすすめです。大人の女性に必要なのは、枚数よりも品質。このことを頭に入れつつ、お買い物の予算組みをしてみてください。

35歳　主婦・パート／既婚・子ども１人　　ワンシーズン５万円

メインの服はご近所服、たまに子どもの行事関係できちんとした服も必要。

38歳　フリーランスデザイナー／未婚　　ワンシーズン12万円

人と会う機会も多く、仕事柄、流行の服も毎シーズン買う予定。

42歳　会社員／既婚・子どもなし　　ワンシーズン８万円

会社は制服あり。通勤服と、休日のリラックスウエアがメイン。

まとめ

- 生活に無理のない価格帯の設定をする
- いつも買うより枚数を減らし、価格帯を上げることを検討する

9 実際に買い物に行く

必要な服を割り出し、情報収集して、予算を考えたら、いよいよお買い物です。買うべきものをリストアップし、少し大げさですが(?)「今の自分に必要なものだけを買うんだ」と、余計な衝動買いをしないよう、決意を新たにしてのぞみましょう。

このお買い物、ひとりで行ってもいいですが、もし可能なら、率直な意見を言ってくれる家族や友人と一緒に出かけることをおすすめします。大人になると、「待たせるのが申し訳ない」「ゆっくり時間が取れない」という理由から、ひとりで買い物に行く方が圧倒的多数になっていますが、似合わない服を試着したときに、「似合わない」「別の服にしたほうがいい」と、きっぱり意見を言ってくれる人は貴重です。そして、「これ似合うんじゃない？ 試しに着てみれば？」とお互いにすすめ合ったりして、自分の見方とは違った客観的な意見をもらえるのは、とてもいいことです。また人は、「他人が手にしたものは、よく見える」という習性がありますが、自分では手に取らないアイテムを選んでいる様子を横目で見ていると、「あ、そのアイテムもかわいいな」という風に、自分ではなかなか目に入らなかったものに、気づかされる機会も増えるのです。

そして、ボトムスはもちろんのこと、トップスであろうとも、必ず試着をしてから買いましょう。49ページでも書いたことですが、試着で大事なのは、正面だけではなく、横からも後ろからも、鏡で映してみることです。

また「この服に合わせる服が欲しい」と目的がはっきりしているときは、その服を着て、買い物に行くのが手っ取り早いです。「合わせる服がないのだから、着ていくのは難しい」という方は、持っていってもいいと思います。これを言うと驚かれることも多いのですが、ショッピング・ツアーでお客さまといろんなショップに行って試着をするときに、「合わせたい服があるので、一緒に着てもい

いですか？」とお願いしたことが過去に何度もあったのですが、お店で嫌な顔をされたことは一度もありませんでした。「他のブランドの服だから失礼かも」と、こちら側は思うかもしれませんが、ていねいにお願いすれば、たいていのお店は心よく許してくださいます。店員さんにも「このパンツに合わせるトップスを探しているのですが」と相談すれば、おすすめのアイテムを出してくれるお店もあります。

そして、これは状況次第ではなかなか難しいと思いますが、可能なら、自分が「あの人の着こなし、素敵だな」と思える店員さんに接客をしてもらえるといいですね。そうすると、その店員さんのすすめるものに間違いが少なく（自分の「好き」という感覚と、その人のセンスが一致しているので）、気分もよく買い物ができるからです。

最後に、これがいちばん重要ですが、もし少しでも違和感を覚えたら、きっぱりと断れる勇気を持ちましょう。「もう少し考えてみます」「ちょっと他のお店もまわってきます」と言えばいいのです。「試着すると、買わなきゃいけないような気がして」という方も多いのですが、そういった遠慮は無用です。「試着」は、あくまで「試しに着ること」。着たからといって、買わずにお返しすることは悪いことではありません。

まとめ

- 必ず試着をして、3方向を鏡で確認する
- 合わせたいアイテムを、着るか持っていく
- 着こなしが好きな店員さんに接客してもらう
- きっぱり断る勇気を忘れずに

10 買った服をコーディネートし、記録する

いざショッピングが終わり、家に持ち帰りました。紙袋から洋服を出し、値札を取り、そのままクローゼットにしまってはいけません。ここが大きな落とし穴なのですが、洋服を買ったらとたんに安心してしまって、そのまま「タンスのこやし」になってしまうパターンが、意外と少なくないのです。

買ってきた服は、その日か翌日くらいまでに必ず手持ちの服と組み合わせを考え、ステップ3と同じように、小物まで合わせてコーディネートし、着用した写真を撮って、記録をしておきます。そして以前に作った「好き」コーディネートと一緒に、その季節の「スタイリングシート」として保管するのです(外出する前にそのシートを見れば、迷いがなくなり便利です)。

このとき「あ、失敗しちゃった」というパターンもきっとあることでしょう。でも私は、どんなおしゃれさんも失敗しない人はいないと思うのです。大切なのは、失敗から学ぶこと。なぜ似合わないのか？　色味かシルエットか、テイストか……。その分析さえきちんと行えば、きっと同じ失敗は繰り返さないはずです。

まとめ

- 買った服も、コーディネートして記録する
- 以前の「好き」コーディネートと一緒に保管する
- 失敗したら、必ずその失敗から「学ぶ」

11 季節ごとにワードローブチェックを行う

この1から10までのワードローブチェックは、できれば季節ごとに作業を行うのが理想です。そのシーズンの途中で新しい組み合わせを思いついたら、それも写真で記録してスタイリングシートに随時追加していきます。このシートはプリントアウトして、クローゼットの扉の内側に貼ったり、取り出しやすいノートや手帳に挟んだりして、常にチェックしやすい状態にしておきます。そしてその季節のベストコーディネートは、捨てずにファイリングするなどして保管しておきましょう。一年たってまた同じ季節がやってきたとき、それを確認してから買い物をするようにすると、無駄な買い物も省けます。

記録を残すことは、おしゃれの勉強になります。「何が好きか」「何がダメだったか」「どんなコーディネートが好きか」「今イチな理由はどこか」などを繰り返し考えることで、だんだんと「コーディネート力」「着こなし力」はアップしていきます。そして不用な服は手放し、新しい服を迎え入れることを意識的に行い、こまめなアップデートをし続けることによって、常に「今の自分」にふさわしい装いができるようになるでしょう。

まとめ

- ベストコーディネートを季節ごとに記録する
- 新しい服を買うときは、
  必ず前シーズンの服を確認してから

ハンガー収納の注意点

ワードローブチェックでお客さまのご自宅に伺うと、ハンガーに掛けられ、型くずれしているニットをよく発見します。ハンガーに長く掛け続けると、ニットの重みで全体が引っ張られ、肩の部分を起点におかしな形にのびてしまいます。着てみると、「何か着心地が悪い」「こんなシルエットだったっけ?」と、違和感が生じる原因になったりします。型くずれしてしまったニットを元通りに整えるのは、たたみジワをのばすためにアイロンをかけるよりも大変なので、くれぐれもご注意を。たたみジワは、寝る前に翌日着る予定のニットにシワ取り用スプレーをして平干しするときのように置くと、朝には取れています。またウールのコートなどもハンガーに掛け続けると、型くずれします。何年も着ないなら、たたんで衣装ケースに入れていたほうが、ダメージは少ないと思います。

セールの活用法

年に2回のセールシーズンは、気になっていた流行アイテムを低価格で購入するチャンスです。ついテンションが上がり、狙っていたもの以外にもたくさん買ってしまいがちですが、「もう洋服で失敗したくない」と考えている人は、頭のなかを整理し、冷静な気持ちで行くようにしましょう。

私がセールで買うのをおすすめしているのは、気に入って、よく着ているアイテムの色違い。シルエットやサイズ的には活躍することが間違いないし、色で印象が変わると、それだけで新鮮な気持ちになれるはずです。今のスタイルを受け継ぎつつも、さらにコーディネートに広がりが生まれます。もうひとつは「サポートアイテム」。普段は見落としがちなタンクトップやキャミソール、それも上質なものが割引になっていたら狙い目。きっと確実に活躍してくれるはずです。

・通信販売の注意点

お客さまのお宅で、タグが付いたまま一度も着たことがない服が出てくることがありますが、そのほとんどが、通信販売で購入したもの。実物を見られず、試着もできない通販では、こういうことが起こりがちです。通販で最も重要なのは「返品を面倒くさがらないこと」。ものが届いたらとにかくすぐ試着して、「サイズが合わない」「思っていたのと違う」「似合わない」と感じたら、すぐさま返品を。返送料はかかりますが、通販を利用した時点で、それは覚悟しておきましょう。そして同じもののまとめ買い、2色買いは、送料が一回分ですんだり、安くなったりと誘惑もありますが、一度、実際に着て、活躍すると確信したアイテムのみにしましょう。通販は、ゆっくり買い物に行く時間が取れない人には、とても便利なもの。後悔がないよう、賢く活用していきたいものですね。

お直しをもっと身近に

私自身も小柄なせいか、自分の体にぴったりの服を探すのは、なかなか困難です。だから試着してみて、すごく気に入っているのに「ここの部分がもう少しこうなればいいのにな……」という部分があったら、購入したのちにリフォームショップなどに「お直し」に出します。

たとえばパンツ。腰で合わせたらぴったりなのに、ウエストがゆるゆる。ベルトで締めてもいいけど、シルエットが変わりそう。そんなときは、ウエストを詰めるお直しを。また市販のジャケットやコートは、袖がどうしても長めです。最近は袖を折り返して着る服も多いですが、きちんと着たいものほど、ジャストサイズが美しいので、袖丈詰めをお願いします。やはりサイズに合った服は、着ていて気持ちがいい。自分が服に合わせるのではなく、服を自分に合わせたい。お直しは、そのいちばん手短な方法です。

体形・悩み別アドバイス

世の中にはいろんな体形の方がいて、それぞれ自分の体にコンプレックスを持っていたりします。お客さまからも、よく相談を受けることも。そんななか、ときどき見るのが、悩みを隠そうとするあまり、実は悩みの部分を強調してしまう結果になっているケース。体形カバーにはいくつかセオリーがあるのですが、それを理解していない方も多いのです。

ただし注意してほしいのは、ここで紹介するアドバイスは一般的なもので、たとえば「いかり肩でも、腰が張ったメリハリ体形なので目立たない」という風に、その方の個性によっては当てはまらないケースも多々あるのです。自分らしい着こなしを見つける際に、あくまでも参考として、確認してみてください。

背が高い

メンズライクな太めパンツが格好よく着られるのは、身長の高い人の特権です。腰ばきが格好よく決まりますし、ソックス+パンプスといった組み合わせが大人っぽく決まるという利点があります。

気をつけたいのは、身幅が狭く長いアイテム。切り替えがなくストンと落ちる、細身のマキシ丈ワンピースなどは避けたほうがいいでしょう。スカートはミモレ丈くらいで脚を出すほうが、バランスよくまとまります。マキシ丈をはくなら、ワンピースなら切り替えのあるタイプを選んだり、スカートにしてトップスをコンパクトにまとめたりと、シルエットにメリハリをつけたほうが、背の高さは目立ちません。

高いヒールは迫力が出すぎるので、ミドルヒールにしたほうがいいでしょう。

背が低い

小柄な人には「小花柄」と言われていますが、大きな花柄は小さい方のほうが着こなしやすいです。大きい方が着ると迫力が出てしまいますが、小さい方が着るとかわいくまとまります。

小柄な方が避けたほうがいいのは、ボリュームのありすぎるロングスカートやガウチョパンツ。ストンと直線的に落ちるタイプなら大丈夫ですが、裾にいくにしたがって広がるようなタイプは、ボリュームに負けてバランスが取りにくいことが多いようです。ハリ感のある素材のオーバーサイズのトップスも避けたほうが無難。

ニットを着るときは、ハリのあるローゲージより、ハイゲージやモヘアなど、やわらかくて体に自然になじむ、落ち感のあるタイプを選びましょう。

胴が長い

体に沿った細長いラインのトップスは避けたほうがいいでしょう。ゆるめのトップスの裾をルーズにインして、ウエストの位置をあいまいにして目くらましをするのがおすすめです。また上半身を正方形に見せてくれる、ボックスシルエットのトップスもうまく活用するといいでしょう。

どちらかというとパンツより、脚の付け根が分からない、スカートのほうがバランスは取りやすいようです。スカートは重心が下になるフレアタイプはNG。ハイウエストのタックスカートやすっきりしたタイトスカートがおすすめです。パンツをはくなら、トップスはゆるめ＋腰骨が隠れるくらいの丈を選び、脚長効果を狙って、ヒール靴と合わせるようにします。

脚が長い

欧米人のように腰の位置が高く、脚が長い方は、どんなタイプのぺたんこシューズも、バランスよくはきこなせるところが利点です。バレエシューズなどを合わせるフェミニンなスタイルはもちろん、スニーカーでのカジュアルなスタイルも、トラッドシューズを使ったマニッシュな着こなしも、パンツもスカートも、スラリと格好よく決まります。

逆にヒールをはくときは、腰の位置が高くなりすぎ、アンバランスになりがちなので、３cmくらいまでにしておいたほうがベターです。厚底サンダルやヒール靴をはきたいときは、ストーンとしたシルエットのワンピースなど、腰の位置が分かりにくいアイテムをチョイスするといいでしょう。

お尻がない

太めな方からするとうらやましく思える悩みかもしれませんが、細身のパンツやぴったりしたタイトスカートは、メリハリがつかず貧相に見えてしまうので、できれば避けたほうがいいでしょう。腰まわりがぴったりしたフレアスカートも同様、脚が短く見えてしまう可能性があります。

その代わり、メンズっぽいトラウザーやワイドパンツが、少年っぽく格好よく着こなせる利点があります。その場合、鎖骨や手首を出したりして、女性らしさはトップスで演出するようにしましょう。またスカートをはく場合は、腰まわりにボリュームのできるギャザースカートやタックスカートでお尻の位置を強調し、脚のスタート地点を分かりやすくするとバランスよくまとまります。

お尻が大きい

大きいお尻をカバーするために、腰まわりがゆったりとしたタックパンツをはいている方をよく見かけますが、それは逆効果。ゆったりはくべきものがパンパンになると、モンペ風になってしまい、「おっかさん」色が強くなってしまうのです。隠そうと思って逆に強調してしまっているNGパターンです。

逆にノータックのパンツをジャストサイズで、すっきりきれいにはいたほうがスタイルがよく見えます。その際、合わせるトップスは腰骨が隠れる程度の、少しゆったりしたものを選べば、きちんとバランスは取れるはず。最近は、前身頃に対して後ろ身頃がほんの少し長い形をしたトップスがたくさん出ているので、そういうものを利用して、自然な感じでカバーするようにしましょう。

O脚

O脚で悩んでいる方は実に多いのですが、O脚の形も人それぞれ。とにかく覚えておいてほしいのは、自分の脚がいちばん広がっている部分に、スカートの裾がこないように心がけること。広がったところから脚が見えると、O脚はより強調されてしまいます。鏡の前でじっくり観察して、自分のNGラインを頭にたたき込んでください。スカートをはくなら、そのNGラインの上か下にするようにします。ミモレ丈(ふくらはぎ丈)は、そのラインにかかりがちな丈なので、かなり注意が必要です。

パンツは脚にぴったり沿ったスキニーは避け、裾にスリットが入ったクロップド丈(脚の曲がりはじめをごまかせる)、アウトラインが広がっていないワイドパンツを選びましょう。

筋肉脚

筋ばった筋肉がしっかりついた脚には、ひらひらしたフェミニンなスカートは避けたほうがいいでしょう。スカートをはくならチノやデニムなど、硬め素材のものを。シルエットはアウトラインが直線的なもの、もしくは裾がしまったコクーンシルエット。潔いシャープな印象のものを選んだほうが、自然になじみます。まれに、ひらひらしていても裾が広がらず、まっすぐ落ちるタイプならOKな場合もありますが、基本的にとろみや落ち感などは、ボトムスではなく、トップスで取り入れるようにします。

ヒールが高すぎる靴も避けましょう。足に力が入り、筋肉が盛り上がりすぎてしまいます。はくなら5cm程度の、やさしい傾斜具合のシューズを選ぶと無理がありません。

首が短い

首の詰まったトップスはNGで、首まわりがゆったり大きくあいたものを着るようにしましょう。横に広くてもいいし、縦に深くてもOKです。タートルネックは苦しそうな印象になるので、できるだけ避けたほうがいいでしょう。

シャツは小襟のものを選び、ボタンをふたつくらい開け、深めのVを作るようにします。シャツの中のインナーは、胸元がまっすぐなラインになるものを選ぶと、よりシャープな印象になります。

ぶら下がるタイプのイヤリングやピアスをすると、目くらましで、少し首が長く見える効果があるようです。またロングヘアを下にたらすより、髪をまとめてアップスタイルにしたり、ショートカットで襟足をすっきり見せたほうが、バランスよくなるようです。

首が長い

シャツのボタンをいちばん上まで留めて、品よくフェミニンに着ることができるのが首長さんの利点。逆に襟元が深くあいたものは避けましょう。Vネックのニットやカットソーを着る場合は、角度が浅めのタイプを選ぶように。タートルネックもよく似合いますが、あまり襟をのばしすぎると、首の長さを強調しすぎるケースもあるので、やりすぎには注意です。

背中のあいたトップスも避けたほうがいいでしょう。自分ではなかなか気づきにくいですが、後ろから見るとすごく首が長く見えるケースが多いのです。また、ストーンとしたシルエットのワンピースは、ひょろひょろした印象を強めてしまう可能性もあるので、ほどよく凹凸感のあるタイプを選んだほうが無難です。

いかり肩

肩がしっかりしている方は、ジャケットやメンズっぽいシャツなどかっちりしたアイテムを格好よく着こなすことができます。一方で、袖がフリルになっていたり、フレンチスリーブのものは、自然に肩のラインが落ちず、そのまま横に広がってしまうので、避けたほうがいいでしょう。

首が詰まったトップスを着るときは、視線が肩ではなく首元に集中するように、ネックレスをして。最近はトップスをインする着こなしが主流ですが、いかり肩の方は裾を入れると逆三角形が強調されるので、ほどよくブラウジングして、全体的にバランスを整えるようにしましょう。背中が広い男らしい感じになりがちなので、試着をするときは、後ろからのチェックも忘れずに。

なで肩

ここ数年流行のドロップショルダーのトップスがよく似合います。ただし、首元があいているものは、だらしなく見えてしまう可能性があるので、首が詰まったタイプか、ボートネックを選ぶようにしましょう。トップスをインしてもフェミニンな印象になりますし、小襟のシャツを第一ボタンまできっちり留めても、きゃしゃに見えるのが長所です。

首元があいたアイテムを着るときは、必ず中に一枚、タンクトップなどのインナーを合わせるようにしましょう。というのも、肩のない方が首元のあいたトップスを着ると、どうしても左右前後に動いてしまいます。中にぴったりめのインナーを着て、それが動かなければ、だらしない印象に見えるのを避けることができるのです。

胸が大きい

魅惑的なバストを持っている方は、せっかくなので、女性らしさを生かしたコーディネートを心がけたいものですね。首が詰まった服は太って見えるので、首まわりにゆとりがあるアイテムを。シャツなら第二ボタンまで外し、インナーをチラッと見せるくらいのほうが、潔いと思います。ただし首まわりは出しつつも、上品さを表現することは忘れずに。インナーのネックが丸いタンクトップタイプよりも、まっすぐ直線的なキャミソールタイプのほうが、すっきり見えます。

ニットの場合、ざっくり編まれたローゲージのものは、ボリュームが出てしまい、太って見えてしまいます。ほどよい落ち感のあるハイゲージ、ただし肩のラインはジャストサイズ、丈も短すぎない形を選ぶようにしましょう。

胸が小さい

胸が小さいことを気に病む方は多いですが、少年風の着こなしがバランスよく決まりますし、フェミニンな服を着ても、過度に甘くなりすぎない利点があり、服の着こなしの幅は、胸が大きい方よりも広いのです。

胸元が深くあいたアイテムは、デコルテラインが少しさみしい感じになってしまうので注意が必要です。あいているものを選ぶときは、深くではなく、横に広いものを意識しましょう。逆に首元の詰まった服は似合うので、いろんな形を楽しんでみてください。

貧相に見えてしまうのが気になるときは、トップスに少しハリ感のある素材を選んだり、ふんわりブラウジングをして、ボリュームがあるように見せたりするといいでしょう。

ンビデックス)、かごバッグ/アデュー トリステス

(p34)
[上から順に]ボルドー×ネイビーカットソー/ヒューマンウーマン、生成り×ネイビーカットソー/アデュー トリステス ロワズィール、カーキ×紺カットソー/ルミノア(リフラティ シップス ルミネ横浜店)

(p37)
白ウールコート/トラディショナル ウェザーウェア(リフラティ シップス ルミネ横浜店)

(p38)
シルクスカーフ/ともにマニプリ(フラッパーズ)

(p42)
[右から順に]グリーン刺しゅうブラウス/アシードンクラウド(ハバダッシュリー 丸の内店)、スカーフニット、ジャカードニットスカート/ともにリストワール ス レペテ エリゴ(フラッパーズ)

(p45)
白シャツ、ストライプシャツ/ともにヒューマンウーマン

(p47)
モデルが着たニット/ルラシェ(アンビデックス)

(p48)
ニット/リゼッタ、ソックス/靴下屋(タビオ)、靴/ハンニバル ラグーナ(ドゥエ パッシ ペル ウォッシュ ルミネ横浜店)、パンツはともにスタイリスト私物

(p51)
ニット/ルラシェ(アンビデックス)、パールボタンシャツ/ポルテ デ ブトン

ンビデックス)靴/ファビオ ルスコーニ(銀座ワシントン銀座本店)、レーストップスは上記と同じ

(p20)
[右から順に]グレー リブタンクトップ/リフラティ シップス(リフラティ シップス ルミネ横浜店)、ベージュ ガーゼタンクトップ/グラズ(高荘)、グレー長袖カットソー/サリー・スコット(ニューヨーカー)、白長袖カットソー/グラズ(高荘)

(p23)
タートルニット/リフラティ シップス(リフラティ シップス ルミネ横浜店)

(p24)
朱赤のニット、鳥プリントシャツ/ともにノンブルアンペール

(p27)
スヌード付きモヘアニット/パドカレ(パドカレ恵比寿)

(p28)
[右]プリーツスカート/エボニーアイボリー(アンビデックス)、ソックス/靴下屋(タビオ)、スニーカー/ラファエル(フラッパーズ) [左]デニムパンツ/マト コテディアン(シャンブル ドゥ シャーム)、ソックス/靴下屋(タビオ)、パンプス/ウォッシュ(ウォッシュ 二子玉川ライズ店)

(p31)
ベージュウールカーディガン、紺シルクカーディガン、ストライプブラウス/すべてパドカレ(パドカレ恵比寿)

(p33)
レースブラウス/ポルテ デ ブトン、レースニット/ユニ(ア

Credit

※p69～77の商品は2015年1月に、その他のページは2015年8月～9月に販売していたものです。すでに店頭にはない場合は、ご了承ください。

第1章

(p10)
[右から順に]スタンドカラーシャツ/リゼッタ、ギャザーシャツ/ギャレゴ デスポルト(ハバダッシュリー 丸の内店)、プルオーバーブラウス/リストワール ス レペテ エリゴ(フラッパーズ)、フリルカラーブラウス/コンジェ ペイエ アデュー トリステス

(p13)
カシミアセーブルニット/リゼッタ、2wayゴールドネックレス/ポルテ デ ブトン

(p14)
[上]パールボタンシャツ/ポルテ デ ブトン、靴/サリー・スコット(ニューヨーカー)、ワイドパンツ/ルッキリル(アンビデックス)、ベルト/カーフ トゥ ループ(アンビデックス) [下]イージーパンツ/ソウ ワン バイ ワン(アンビデックス) シャツ、靴は上記と同じ

(p19)
[右]レーストップス/ローズアンナ(コーブライミー!)、ストライプワイドパンツ/カーフ トゥ ループ(アンビデックス)、シルバー靴/ファビオ ルスコーニ ペル ワシントン(銀座ワシントン銀座本店) [左]コーデュロイスカート/アトリエ ドゥ サボン(アンビデックス)、ベルト/ビュル デ サボン(ア

トリステス、ストール／マニプリ(フラッパーズ)、靴／ヒューマンウーマン

(p81)
[右]パールネックレス／ヒューマンウーマン[左] Vネックニット／ルラシェ(アンビデックス)、パールネックレス／カーフ トゥ ループ(アンビデックス)、スカーフ／マニプリ(フラッパーズ)、クラッチバッグ／アデリナ ディ ロッセリーニ(フラッパーズ)、パンプス／ウォッシュ(ウォッシュ 二子玉川ライズ店)

(p82)
パールネックレス／カーフ トゥ ループ(アンビデックス)、胸あて付きスカート／ポルテ デ ブトン

(p83)
[右] 下に着たカットソー／サリー・スコット(ニューヨーカー)、デニムパンツ／マト コテ ディアン(シャンブル ドゥ シャーム)、ソックス／靴下屋(タビオ) [左]ドルマンコート、クラッチバッグ／ともにポルテ デ ブトン、コーデュロイスカート／アトリエ ドゥ サボン(アンビデックス)、ベルト／ビュル デ サボン(アンビデックス)、ソックス／靴下屋(タビオ)

(p87)
[右]ウールジャケット／エンリカ(フラッパーズ)、下に着た白カットソー／グラズ(高荘)、ストール／マニプリ(フラッパーズ)、ニットキャップ／サリー・スコット(ニューヨーカー)、パールネックレスはスタイリスト私物[左] トレンチコート／ルッキリル(アンビデックス)、ソックス／靴下屋(タビオ)、靴／ハンニバル ラグーナ(ドゥエス／ベロファット(フラッパーズ) [左]フレアスカート／ノンブルアンペール 吉祥寺パルコ店、帽子／フェルチオベッキ(ミディアム・スクエア)、スカーフ／マニプリ(フラッパーズ)

(p70)
リネンスカート／スタディオクリップ(トリニティアーツ)、クラッチバッグ／サラアム(ミディアム・スクエア)

(p71)
[右]デニムスカート／スタディオクリップ(トリニティアーツ) [左]カーディガン、5分袖ニット／ともにヒューマンウーマン、ネックレス(参考商品)／アデュー トリステス

(p75)
[右]ニット／フィル デ フェール たまプラーザ店、靴／マリオン トゥッフェ(マリン フランセーズ ルミネ横浜店) [左]帽子／ソルバッティ(フラッパーズ)、ネックレス(参考商品)／コンジェ ペイエ アデュー トリステス、靴／ヒューマンウーマン

(p76)
[右]ジャケット／ギャレゴ デスポルト(ハバダッシュリー 丸の内店)、カットソー／アッシュ・ホリデー by ヒューマンウーマン、スカーフ／マニプリ(フラッパーズ)、靴／マリオン トゥッフェ(マリン フランセーズ ルミネ横浜店) [左]ブラウス、スカート／ともにアシェット(ミディアム・スクエア)、ネックレス(参考商品)／コンジェ ペイエ アデュー トリステス、靴／ヒューマンウーマン

(p77)
パンツ(参考商品)／アデュー

(p52)
[右]シャツ／ゴールデングース(コーブライミー！)、パンツ／ルッキリル(アンビデックス) [左]ストール／モア モン(ヒューマンウーマン)、ロングシャツ／アシードンクラウド(ハバダッシュリー 丸の内店)

(p55)
キルティングチェーンバッグ／メゾン ヴァンサン(フラッパーズ)、ワンピース／ノンブルアンペール、タートルニット／オリカ ヴィンテージ ブロロップ(アンビデックス)

(p56)
[右] 赤シャツ／アデュー トリステス ロワズィール、白フレアスカート／アデュー トリステス、靴／ヒューマンウーマン [左]ブラウス、パンツ／ともにサリー・スコット(ニューヨーカー)、ベルト／カーフ トゥ ループ(アンビデックス)、靴／カルツァイウオーリ・フィオレンティーニ(フラッパーズ)

(p59)
スカーフ／マニプリ(フラッパーズ)、パールネックレス／アデュー トリステス、ブラウス／エボニーアイボリー(アンビデックス)

(p63)
赤パンプス／ベロファット(フラッパーズ)、ベージュ帽子／ソルバッティ(フラッパーズ)

第2章

(p69)
[右]白ジャケット(参考商品)／アデュー トリステス ロワズィール、ネックレス(参考商品)／アデュー トリステス、パンプ

(p94)
ニットコート／ノンブルアンペール、ロングシャツ／アシードンクラウド(ハバダッシュリー丸の内店)、チュールスカート／リゼッタ

(p95)
[右] ベロアプルオーバー／リゼッタ、ブーツ／ファビオ ルスコーニ ペル ワシントン(銀座ワシントン銀座本店) [左]ロングスカート／エンリカ(フラッパーズ)、靴／ファビオ ルスコーニ ペル ワシントン(銀座ワシントン銀座本店)

(p93)
[右] プルオーバーブラウス、紺カーディガン／ともにパドカレ(パドカレ恵比寿)、ワイドパンツ／リストワール ス レペテエリゴ(フラッパーズ)、帽子／CA4LA、靴／ファビオ ルスコーニ ペル ワシントン(銀座ワシントン銀座本店) [左]スカーフ／マニプリ(フラッパーズ)、チェックパンツ／サリー・スコット(ニューヨーカー)、ソックス／靴下屋(タビオ)、パンプス／カルツァイウオーリ・フィオレンティーニ(フラッパーズ)

パッシ ペル ウォッシュ ルミネ横浜店)、パールネックレスはスタイリスト私物

(p88)
[右] カシミアセーブルニット／リゼッタ、ソックス／靴下屋(タビオ)、パンプス／ベロファット(フラッパーズ)、パールネックレスはスタイリスト私物
[左] 白フレアスカート／アデュー トリステス、ソックス／靴下屋(タビオ)

(p89)
朱赤のニット／ノンブルアンペール、ボーダータンクトップ／ヒューマンウーマン、メガネはスタイリスト私物

表紙～裏表紙、P40-41

①トレンチコート／ルッキリル(アンビデックス)②帽子／CA4LA③ネックレス／ニトカ(アンビデックス)④ブルーのブラウス／エボニーアイボリー(アンビデックス)⑤ベージュのニット／リゼッタ⑥クラッチバッグ／アデリナ ディ ロッセリーニ(フラッパーズ)⑦レースアップシューズ／ヒューマンウーマン⑧ブルーのカーディガン／ヒューマンウーマン⑨プリントカットソー／サリー・スコット(ニューヨーカー)⑩白タートルニット／リフラティ シップス(リフラティ シップス ルミネ横浜店)⑪ボーダーカットソー／アデュー トリステス ロワズィール⑫朱赤のニット／ノンブルアンペール⑬プリーツスカート／エボニーアイボリー(アンビデックス)⑭イージーパンツ／ソウ ワン バイ ワン(アンビデックス)⑮ストール／マニプリ(フラッパーズ)⑯ニットキャップ／サリー・スコット(ニューヨーカー)⑰かごバッグ／アデュー トリステス⑱キルティングバッグ／メゾン ヴァンサン(フラッパーズ)⑲ツィードバッグ／カーフ トゥ ループ(アンビデックス)⑳デニムパンツ／マト コテディアン(シャンブル ドゥ シャーム)㉑ベージュのワイドパンツ／ルッキリル(アンビデックス)㉒グリーンのパンツ／サリー・スコット(ニューヨーカー)㉓タートルニット／オリカ ヴィンテージ ブロロップ(アンビデックス)

Shop List

アデュー トリステス ☎03-6861-7658
アデュー トリステス ロワズィール 代官山アドレス・ディセ店 ☎03-3770-2605
アンビデックス(ルラシェ／オリカ ヴィンテージ プロロップ) ☎03-3481-8126
アンビデックス(ビュル デ サボン／ユニ) ☎03-3481-4742
アンビデックス(アトリエ ドゥ サボン) ☎03-5465-0447
アンビデックス(ノート エ シロンス／エボニーアイボリー／
ニトカ／ルッキリル／ソウ ワン バイ ワン／カーフ トゥ ループ) ☎03-3481-5027
ウォッシュ 二子玉川ライズ店 ☎03-3708-5170
CA4LA ショールーム ☎03-5775-3433
ギャラリー ド ポップ ☎03-6452-5188
銀座ワシントン銀座本店 ☎03-5442-6162
コーブライミー！ ☎03-3770-3386
コンジェ ペイエ アデュー トリステス ☎03-6861-7658
シャンブル ドゥ シャーム ☎03-5790-2790
高荘 ☎03-3862-2301
タビオ ☎03-6419-7676
ドゥエ パッシ ペル ウォッシュ ルミネ横浜店 ☎045-451-0821
トリニティアーツ ☎0120-601-050
ニューヨーカー ☎0120-17-0599
ノンブルアンペール 吉祥寺パルコ店 ☎0422-21-6223
ハバダッシュリー 丸の内店 ☎03-3211-1512
ヒューマンウーマン ☎03-6748-0350
フィル デ フェール たまプラーザ店 ☎045-904-3890
フラッパーズ ☎03-5456-6866
ポルテ デ ブトン ☎03-6277-2973
マリン フランセーズ ルミネ横浜店 ☎045-548-5652
ミディアム・スクエア ☎03-5459-0301
リゼッタ 二子玉川店 ☎03-3707-9130
リフラティ シップス ルミネ横浜店 ☎045-444-0186

うえむら・みちこ

大阪府吹田市出身。文化服装学院アパレルデザイン科卒業。アシスタント経験後、1996年にスタイリストとして独立。雑誌、広告、タレントのスタイリングなどで幅広く活躍。2010年、ファッションコーディネートサービス「リルティン」を立ち上げ、個人向けのコーディネートを開始する。ひとりひとりとじっくり向き合うことを大切にし、ファッションを楽しんでもらえることを目指したパーソナルスタイリングが人気を呼ぶ。

「Liltin'｜ファッションコーディネートサービス」

http://liltin.com/

「植村美智子 ホームページ」

http://uemuramichiko.com/

※本書の第1章は『神奈川新聞』の連載「おしゃれのヒント」(2012年4月～2014年3月)から抜粋し、大幅に加筆を行ったものです。第2章のP.66～77は、雑誌『天然生活』2015年4月号に掲載した記事の再編集です。その他のページは、撮り下ろし、書き下ろしです。

著者／植村美智子

写真／中島千絵美
ブックデザイン／葉田いづみ、小川恵子
ヘアメイク／新山知佳(P.66～77)、
松橋亜紀(P.78～95)
イラスト／はやし あおな
編集・構成／田中のり子
校正／堀江圭子
編集／鈴木理恵

「今の自分」に似合う服

2015年10月20日　初版第1刷発行

著　者／植村美智子
発行人／菅井大作
編集人／古庄 修
発行所／株式会社 地球丸
〒105-0004 東京都港区新橋6-14-5
☎03-3432-7918(編集部)
☎03-3432-7901(営業部)
http://www.chikyumaru.co.jp/
印刷・製本／図書印刷株式会社

ISBN978-4-86067-504-2　C2077